実践！

特別支援教育の アクティブ・ラーニング

竹村 哲 監修

柳川公三子 編集

富山大学人間発達科学部附属学校園「専門家として学びあい高め合うための校内研修の在り方」共同研究プロジェクト 著

**子どもの内面を捉え、
学びの過程に寄り添う教員研修**

中央法規

はじめに

　本著で取り上げる協同学習での弁証法的統合（dialectical accommodation）とインクルーシブ教育で取り上げられている合理的配慮（reasonable accommodation）には共通の語 accommodation があります。これは、単に誰かをもてなすというのではなく、社会的な適応を意味します。当事者が時間をかけて互いの価値観を共有し、共同体感覚を培い、多様な状況が "当たり前" になるということです。

　教師は教職を通じて自己実現していかなければなりません。それは、子どもや同僚との様々な交わりの経験を通じて叶うものです。ただし、自己実現はそのように共存する中にあります。適応を通じた共生に宿ります。故に、我々教師は社会的な適応の働きかけを率先していかなければならないのです。それができて初めて、見下しやいじめ、そして差別を解消し心のバリアフリーを実現するための手立ても見いだせましょう。私は、このような考えのもと、2009 年から教職実践開発として "セルフスタディ" という共生に資する学びのスタイルを教師教育に応用してきています。

　本著は、その一環として、学校現場での教師資質開発の取組みについてお伝えするものです。2016 年から富山大学人間発達科学部附属特別支援学校の「学びあいの場」推進プロジェクトと協力して、教師が子どもの捉えに関する弁証法的統合を図ることを試みています。これは、何々の知識や技能を学ぶといったような目的的な学びではなく、実践を通じて自分の見方を豊かにするという後追いの学びです。このような価値観の醸成には時間を要します。附属特別支援学校では、これまで 3 年もの間、試行錯誤しながら研修の在り方を改善して教師資質の開発を行ってきています。

　未だ、十全ではありませんが、2019 年度に教職員支援機構（NITS）から教員の資質向上のための研修プログラム開発・実施支援事業として採択されたことを契機に、2020 年からの新学習指導要領の実施を見据えて、この取組みを一層発展させていきたいという願いから、現状を著すことにいたしました。どうか、私たちの新しい挑戦に対して関心をお寄せいただき、忌憚のないご感想やご意見をいただきますよう、よろしくお願いいたします。

2019 年 8 月

竹村　哲

目次

はじめに

第1章 新しい学習パラダイムの教師開発の現状

第1節 **新学習指導要領の導入に向けた教師の戸惑い**………2
第2節 **特別支援学校の教員研修**………4
　1　教師の見方を培う研修「学びあいの場」………4
　2　開かれた授業における主体的・対話的で深い学び………6
　3　開かれた授業の学習者から教師役への階段………8

第2章 「学びあいの場」の概要

第1節 **富附特支型研修「学びあいの場」の**
　　　特徴とプロセス………14
　1　富附特支型研修「学びあいの場」の特徴………14
　　① 目的………**14**
　　② 授業観察の視点………**14**
　　③ 授業研究の視点………**15**
　　④ 授業研究をコーディネートする役割「プロンプタ」………**16**
　2　「学びあいの場」のプロセス………**16**
　　① 事前の解説（ブリーフィング）………**16**
　　② 公開授業………**16**
　　③ 振り返り（授業リフレクション）………**16**
　　④ 同僚の学びあい（小グループでラベルコミュニケーション）………**18**
　　⑤ 授業者との聴きあい（全グループでのアクティブ・リスニング）………**18**
　　⑥ 全体の振り返り（協同学習リフレクション）………**20**
　3　「学びあいの場」の効果………**20**
第2節 **ラベルコミュニケーションの特徴とラベルの書き方**………22
　1　ラベルコミュニケーションの特徴………**22**
　2　ラベルの書き方………**23**

第3章	実践事例

事例1 教師にとっての「当たり前」と「子どもの捉え」の差異への気づき…………28

1　事前の解説 (ブリーフィング)…………29

2　公開授業…………32

3　振り返り (授業リフレクション)…………37

4　ラベルコミュニケーション (事実と解釈)…………39

5　授業者との聴きあい (全グループでのアクティブ・リスニング)…………52

6　全体の振り返り (協同学習リフレクション)…………62

7　授業者の振り返り (「学びあいの場」における気づき)…………63

8　「学びあいの場」後の授業改善と子どもの変容…………64

事例2 「子どもの見方」の気づきによる、関わり方の変容…………65

1　事前の解説 (ブリーフィング)…………66

2　公開授業…………70

3　振り返り (授業リフレクション)…………71

4　ラベルコミュニケーション (事実と解釈)…………72

5　授業者との聴きあい (全グループでのアクティブ・リスニング)…………90

6　全体の振り返り (協同学習リフレクション)…………97

7　授業者の振り返り (「学びあいの場」を通して気づいたこと、捉え直したこと)…………99

8　「学びあいの場」後の授業づくりや子どもへの関わり方の変容…………100

事例3 子どもの実態に応じた「振り返り」の在り方を見直す必要性の気づき…………102

1　事前の解説 (ブリーフィング)…………103

2　公開授業…………106

3　振り返り (授業リフレクション)…………107

4　ラベルコミュニケーション (事実と解釈)…………108

5　授業者との聴きあい (全グループでのアクティブ・リスニング)…………124

6　全体の振り返り (協同学習リフレクション)…………133

7　授業者の振り返り…………134

8 「学びあいの場」後の授業改善と子どもの変容…………135

補 章 教師の変容とプロンプタの役割

第1節 「学びあいの場」を通じた教師の変容
　　　（「学びあいの場」の現状）…………138
　1 各自が捉える自分自身の変容…………138
　　①「子どもの見方」の変容に関する意見…………138
　　② 授業づくりの変容に関する意見…………138
　2 「学びあいの場」を通じた教師自身の「主体的・対話的で深い学び」
　　について…………138
第2節 プロンプタの役割を担って…………140
　1 プロンプタ役を振り返って（Y・K）…………140
　　①「子どもの目線に立つ」ということ…………140
　　② 子どもの姿を捉える難しさ…………140
　　③ 再び、プロンプタ役を担って…………141
　2 プロンプタの役割を担って（O・H）…………142
　3 プロンプタを担当して思ったこと（H・T）…………143
　4 プロンプタとして考えたこと（T・R）…………144
第3節 求められるプロンプタの資質・能力の開発…………147

監修・編集・著者一覧

本書の内容は、独立行政法人教職員支援機構「子供の内面を捉え学びの過程に
寄り添う資質・能力を培うための教員研修プログラム「学びあいの場」の開発と
普及」助成事業の一環としてとりまとめた。

第1章

新しい学習パラダイムの教師開発の現状

| 第1節 |

新学習指導要領の導入に向けた
教師の戸惑い

　2020年度に新学習指導要領が施行されて、ますます主体的・対話的で深い学びが図られていくことになります。文部科学省のホームページで注目するべき点は、深い学びに関して「見方・考え方」を豊かにするということです。

　私は、これに関しては、多くの教師の間に戸惑いがあるように感じています。

　そして、その理由が、教師の中にある学習観がこれを阻害しているからであると考えています。佐伯（1997）は、『受験勉強を経た学びを通じて、子どもたちは自らの「能力」を意識し、それを「変えることができないもの」とする「固定能力観」を持つようになる』と指摘していますが、現在の教師は、全員受験勉強を経た者ですから、教師にもそのような固定能力観は宿っているわけです。佐伯（1998）は、また『このような学習観にとらわれた「熱心な」教師は、日夜へとへとになるまで、教材研究、指導案づくり、学習指導計画を立てて授業に臨み、そこで「予想もしなかったこと」に出会うたびに挫折感を味わい、自らの力量の無さを痛感して、ストレスを蓄積していくのである』。さらに『脱文脈化した「能力」を競い合い、「意味」よりも「手続き」を求め、何者かの「評価」におびえ、知られざる「正解」を試行錯誤で「当てよう」としゃにむに試みる』とも述べています。

　残念ですが今でもこれが多くの教師の実態ではないでしょうか。私たちは、行動主義的な学校文化イデオロギーを背負ってしまっているのではないでしょうか。意見は、正しいとか優れているなどといった判断よりも合意するもの、主張は守るべきものではなく広げるものといった考え方は、頭の中で理解しているつもりでも、その価値を本当には感じておらず、したがって子どもたちに主体的に学ばせることにも積極的になれないのです。

　つまり、教師の戸惑いとは、学力に対する固定能力観を宿している教師が、これまでの知識・技能の獲得を促す授業から、主体的な学びという構成主義的学習観に適う授業をしなければならないことに意義を見出せないことからくる戸惑いなのです。

　子どもたちの先学として私たち教師が直視しなければならない課題とは、一人ひとりの**主体性や人間関係性の価値観の開発**です。もちろんそれらは多様性の問題を有しています。このことを前提にして、助け補いあいながら、それぞれがそれぞれの活動に意義を見出せるような働きかけを失念してはいけません。

2003年3月の中央教育審議会による「新しい時代にふさわしい教育基本法と教育振興基本計画の在り方について」（答申）の中で、『「新たな公共」を創造し、21世紀の社会を主体的に形成する人間の育成、および自己実現を目指す自立した人間の育成』が謳われていましたが、これを実現するための**教師教育の課題**があります。それは、上に準えれば、『「新たな自治」を創造し、21世紀の共生社会の形成にコミットメントする教師の育成、および**自律した教師の育成**』でありましょう。久保田（2003）は、次のように述べています。「学校文化が、自然に構成主義に移行するわけではない。変わるのを待つのではなく、一人ひとりが対人関係のいろいろな場面で変えていく努力をすることが必要である。新しい教育を実践するためには、一人ひとりがその変革の過程に参加することである。そのためにまず学校において相互の学びの理解や創造性を深化させる活動を地道に続けていくことだ」。いつも周りに気を遣い、他者の評価を気にする、いわゆる他者評価依存と同調志向にあって、まずは私たち教師自身の主体性と人間関係性の価値を培う活動が必要なのです。

第2節
特別支援学校の教員研修

1 教師の見方を培う研修「学びあいの場」

　これに適う活動が3年前に産声をあげた附属特別支援学校の教員研修「学びあいの場」なのです。この研修は、一言でいえば、「授業での事実をもとに子どもの内面を掘り下げ、授業者に自身の経験から"気づき"を発見する協同的カウンセリングの訓練」です。

　つまり、授業者がブリーフィングシート※を作成し、公開授業の前にこれを同僚に開示することで、同僚は授業者のビジョンや子どもの実態を把握するとともに彼／彼女の混沌（思い込みを含む）を引き受ける準備を整えます。そして公開授業のあとに同僚は、授業場での事実の"捉え"をもとにした子どもの内面に関する"解釈（＝真実の仮説）"を重ね合わせ協同して修正します。これを踏まえて今度は、授業者に自らの経験を踏まえて子どもや自身への"気づき"を発見してもらうため、同僚が協同して聴くのです。そして、これだけに留まらず最後に、一連の過程を通じて顕在化した同僚自身のものの見方への"気づき"についても共有します。

　富山大学人間発達科学部附属特別支援学校では、2016（平成28）年から「学びあいの場」を年8回程度実施してきました。そしてその様相は少しずつ変化してきています。私たちが"当たり前"と思っていたことが、子どもにとっては、そうではなかったということが、授業者へのアクティブ・リスニング※や同僚参観者間の協同リフレクション※で気づくことがたくさんありました。そして、参加している先生方の表情も徐々に変わってきています。何か楽しんでいるように、私からは見えます。

　その理由は、この授業研究が、授業者の掲げた目標に適うための授業改善ではなく、教師にとっての初心に適う学習活動になってきているからだと思っています。

　大学で教師希望の学生に職に就く理由を聞くと、大半は子どもが好きだから教師になりたいと言います。また、いじめに遭わせず、子どもの学びに寄り添って、健やかに育ててあげたいとも言います。私は、これこそ経験の有無に関わりなく教師として失念するべきではない、第一義に掲げるべき自負心であると信じています。

　教師は、子どもを一人前にするために自ら教育をかって出ています。現場で子どものために、一生懸命に頑張っています。

　ただし、学習は、本人がすることであり、一方教育は教師が学習を促すことです。学習したかどうかを第三者が見極めることは、実は大変に難しいのです。日頃、何を

学ばせようかと教師は考えて、そのためにどうしようかと作戦を練ります。そして、そのように仕向けるため子どもに働きかけます。しかしながら「何を……、どのように……」にばかり目がいってしまうと、大切なことを失念してしまいかねません。

"問題解決学"というどのように学ぶかを学ぶ学問があります。それは、問題を発見してその本質を捉えたうえで、有効な手立てを講じて課題を解決・解消するための学識です。私は、問題解決の概念としてはチェックランドの方法論的思想（チェックランド 1985）が最も優れていると考えています。その最大の理由は、これが主体的な学びの特性である改善を志向し、ショーン（2001）の主張するところの専門職として不可欠な"省察的認識論"を可能とするからです。

　問題解決は実践研究です。思考と働きかけの組み合わせです。意味づけと関係性の構築です。知覚された事実をいったん思考の世界で概念化し、これを現実に戻して活動に反映させるのです。当事者が現象に対する問いを発し、その理由について聴きあい、それを豊かにして解釈を創り上げていきます。良い解釈とは、自らの見方に対する新しい切り口になります。それぞれが抱いた問いが、ある思い込みに行き着くであろうと予測させてくれるものです。そのことによってはじめて現象に映る対象の理解は深まり、主体的な変化をもたらします。これは、単なる知識獲得というよりも経験による統覚化といえます。ここでの学びは目的的ではなく後追いなのです。教師は、知識や技能の伝達者である以上に、統覚化という学びの支援者でなければなりません。

　そこでの問題は、子どもの内面と目標のギャップに由来します。だから、（単元な

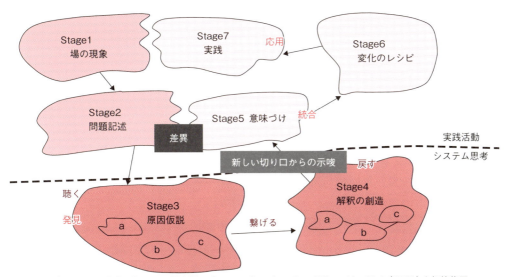

Checkland, P.B., *Systems Thinking Systems Practice*, Jhon Wiley : NewYork (1981) を加筆修正

図1-1　問題解決の概念　ソフトシステムズアプローチ

どの教育）目標は同じであっても教師は、合理的な配慮として、一人ひとり異なる捉えを見極めていかなければならないのです。

ところが、いつの間にか直近の目標ばかりに意識がいってしまい、何を、どのようにしてということが、授業研究の中心に据えられてしまうことにもなっているのです。一部の授業研究では参観している教師の目は、まるでコンピュータ相手のプログラマーのように鋭く、時に受験者を監督する試験官のような怖い目つきをしているように私は感じます。授業者の働きかけが正しいか間違っているか、良いか悪いか、優れているか劣っているか、そのことの説明責任を果たそうとしているからです。

しかし、それは子どもの学習に寄り添うことにはなりません。目標に適う働きかけだけではなく、その前に一人ひとりの子どもをしっかり見ることが大切です。私たちが子どもに対する**見方**（perspective）を豊かにしなければ、子どもの学びに対する適切な働きとはならないのです。ただし、見方は、主観的であり、そこには"思い込み"が混在します。だから、互いに力を合わせることが大事なのです。いわゆる**相対的客観化**の訓練です。

開かれた授業（パーマー 2000）という言葉があります。それは、知識よりも、対象である課題自身、協同する他者、そして自分自身を深く知ることを表します。「学びあいの場」では、問題の解決に相当する教育技術の改善よりも問題の発見にあたる子どもの実態の理解を深め、同時に自身と同僚との見方についても共有しようとしています。言わば教師にとっての開かれた授業です。

2　開かれた授業における主体的・対話的で深い学び

10秒間程度、できるだけ瞬きしないで図1-2を凝視してみてください。

いかがでしょう。立方体と捉えられたと思いますが、その形状に関しては手前の角が手前にきたり奥まったりして見えたことと思います。これは、私たちの目に入った視覚皮質の情報を側頭皮質で意識化する段階で混乱が生じていることを表しています。つまり、これは、あくまでも線画にすぎませんが、それを意識化したときに対象としての捉えが生じているのです。

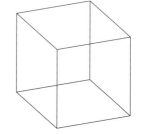

図1-2　ネッカーキューブ

つまり事実は意識化により対象の捉えとなります。

図1-3左側にあるグレーの部分を意識の中だとしましょう。そこには、"私"という顕在的意識があって、捉えでは既に何らかの前意識的な意味づけをしてしまっているのです。したがって私たちは、「何々に決まっている」ではなく、「こう捉えた」「こ

図1-3　開かれた授業における主体的・対話的で深い学び

う思う」ということしかできないのです。

　私は、**対象の捉えとそれを表す言葉（使い）には乖離が生じている**と考えています。相互客塵性（横山 2001）という指摘にもあるように、捉えを言葉にすることで解釈となるのですが、人間の変換能力には限界があるだけではなく、日本語自体にも制約があり捉えを十全に表現することはできません。したがってコミュニケーションを図ることが大切になるのです。

　今度は図1-4を見ていただきたいと思います。これはサイコロであると言ってしまいがちです。しかし、そう即断するには些か尚早のように思います。判断を下す前に、例えば、赤の1の反対の面が黒の6であることを確認しなければなりません。みんなでいろいろな角度から見合って、はじめて本当にそうであると言えるのです。このことは授業研究における子どもの姿の捉え方においても同様です。前後左右さまざまな**空間的**な視点から見合い、また、**時系列的**に前後の出来事から確認しあい、あるいは授業者しか知らない子どもたちの**対人関係的**な経験をもとにして内面を推察することが大切なのです。

図1-4　空間的地平

　事実は、一つであっても"真実"は人によって異なっています。相対的な客観性を高めるために、これらを一つに合意することが**弁証法的統合**です。

　弁証法的統合に関しては、少し詳しく説明したいと思います。例えば、3名の見方を重ねるとは、例として図1-3の右に示すように、3色のスポットライトを重ね合わせることで言い表すことができます。このスポットライトとは、投影（projection）した現出（appearance）であり、ロジャーズの「内部的照合枠（internal frame of reference）」（佐治 1983）です。対象の捉え自体が既に色付いています。つまり、その色にはその人の志向性が反映されています。しかし本人には、その色が当たり前でわかりません。一方、それらを重ね合わせることで、3色のスポットライトが重なった部分は無色となります。実は、そこに対象の深い真実を見出すことができます。さ

第1章 新しい学習パラダイムの教師開発の現状

らに互いの志向性（色）を理解し、同時に理解されていることを自覚することで、共同体としての感覚を得ることにつながります。冒頭、教師が楽しそうに見えているとお伝えしましたが、それが共同体感覚（アドラー 1984）の現れであり、附属特別支援学校の改革ビジョンの一つである「同僚共生」のかたちとして捉えています。

　一人の子どもがとった言動に対する違和感を契機に、その際の子どもの内面に関して、授業者一人と複数の参観者が一緒になって考え、聴きあい、理由を掘り下げることができること、そして、何よりもそのように子どもを鏡として教師がつながりあえること、それは素晴らしいことではありませんか。私たち教師は、子どものことが好きだから、彼らのことを少しでも知りたいし、そしてそれが叶えば、うれしいものです。

　ちなみに、この学校では、この研修のときだけではなく、職員会議でも、さらに日々の職員室の会話の中でも、子どもの話題を中心として教師がつながってきています。

3　開かれた授業の学習者から教師役への階段

　既に、附属特別支援学校では、これまでの「学びあいの場」の研修ですべての教師が"開かれた授業"の学習者となり、子どもに対する見方を豊かにすることの理解を深めてきています。私は徐々に、この"開かれた授業"の教師としての働きかけについて学習する段階にきていると思います。

　これまで教師は、図1-5上部のように、まず指導案をつくってそれに従って子どもたちに学習をさせる。その成果である子どもたちの知識あるいは技能の達成度から、良い教育なのか、そうでないのかということを判断して、授業改善に反映してきたと思います。

　これに対して、子どもの見方・考え方を豊かにするためには、開かれた授業をする必要があります。

　この授業場において子どもと教師とは、知識の受け手と送り手でも、学びの被験者と実験者でもありません。共に相互作用する学習者ネットワークのインサイダーです。教師も、"教育的な働きかけ"というアクションを通じて学ぶアクションラーナーです。教師が学ぶものとは、すなわち授業場における学習者ネットワークの頂点（ここでは子どもの学び）と辺（ここでは互いの関係性）の変容です。教師は、授業実践の中で、一人ひとりによる意味づけと互いの関わりを敏感に捉え働きかけていかなければなりません。

　実は「学びあいの場」における学習の促進役プロンプタ※は、授業者と参観者に対するアクションラーニングに挑戦していると思います。プロンプタは、図1-1のプロセスに準えば、協同学習者である参観者それぞれが関心を持った事実とその原因を

聴きあいそれらの接点を探らせ、現象としての空間的・時間的・対人関係的なつながりを模索させることでその解釈を豊かにしようとします。そしてこれを被支援的学習者である授業者に戻し、現象の主体的意味づけを促します。このような聴き、つなぎ、戻すプロセスをコーディネートするプロンプタの能力は、これからの教師にとっても不可欠なものです。

開かれた授業では、経験を共有することが求められます。知覚した事実をもとに記憶を戻しながら想像するといったように現実と思考が往還しています。これを促進する最も有効な方法が聴くということです。しかしながら、聴きあうことで互いの接点を見つけることは容易ではなく、時に意見の発し合いになり議論が様々な方向へ行ってしまします。このような混乱に際してプロンプタは、軌道修正して一見違った見解につながりを見出し、さらにそれらを深めていくよう仕向けていかなければなりません。

私たちは、附属学校の学びあいの場推進プロジェクトが、試行錯誤しながら培ってきたプロンプタのロールモデルを、次は、プロジェクト以外の教師にも担わせる研修とすること、すなわち、開かれた授業の学習者となるために3年間という時間を要したのと同様に、時間を味方にしながら、今度はすべての教師に対して新しい学習パラダイムの教師資質を身に付けていくことを企て始めているところです。

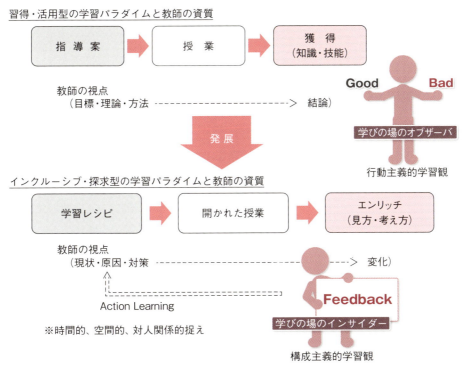

図1-5　学習パラダイムの発展と教師の資質

写真1-1　プロンプタが進行するアクティブ・リスニングの様子

　本著では、「学びあいの場」についてそのプロセスや技法などの説明を第2章で行いますが、お伝えしたいのはむしろ教師資質の理念であり、それに向かう私たちの経験知です。そこで第3章の実践事例の活動報告に関しては、「学びあいの場」を担当した3名のプロンプタが中心となってお伝えすることにしました。さらに補章では、プロンプタ経験の正直な振り返りも述べさせていただきました。私たちの新しい学習パラダイムの教師開発は未だその途上にありますが、少しでも皆さんにその意義をお伝えできること、多少なりとも役に立つことを願ってやみません。

> 記
> 　文中における※を付した用語については、第2章にて説明をしていますので、ご参照ください。

第 2 節 **特別支援学校の教員研修**

参考文献
1. 佐伯胖『子どもが熱くなるもう一つの教室』岩波書店 (1997)
2. 佐伯胖・佐藤学ほか『授業と学習の転換』岩波書店 (1998)
3. 久保田賢一「構成主義が投げかける新しい教育」『コンピュータ＆エデュケーション』第15巻, pp.12-18 (2003)
4. ピーター・チェックランド, 高原康彦ほか (訳)『新しいシステムアプローチ——システム思考とシステム実践』オーム社 (1985)
5. ドナルド・ショーン, 佐藤学・秋田喜代美 (訳)『専門家の知恵——反省的実践家は行為しながら考える』ゆみる出版 (2001)
6. パーカー・パーマー, 吉永契一郎 (訳)『大学教師の自己改善——教える勇気』玉川大学出版部 (2000)
7. 横山紘一『「唯識」という生き方』大法輪閣 (2001)
8. 佐治守夫『ロジャーズ　クライアント中心療法』有斐閣 (1983)
9. アルフレッド・アドラー, 高尾利数 (訳)『人生の意味の心理学』春秋社 (1984)

第2章

「学びあいの場」の概要

第1節

富附特支型研修「学びあいの場」の特徴とプロセス

1 富附特支型研修「学びあいの場」の特徴

①目的

「学びあいの場」の目的は、**教師の「子どもの見方」**を豊かにすることであり、授業改善策を教えあうことではありません。あくまでも子どもの姿からそのときの子どもの思考を推察することを通じ、「子どもを見る力」が高まることを目指しています。

②授業観察の視点

授業研究では、教師が教えたいと望んだことを子どもが正しくできるようになったか、わかるようになったかという結果に注目しがちです。そして、どんなふうに支援したらよいだろうかと、改善方法を探ることが多いように思われます。

しかし、授業中の子どもの様子をよく観察すると、「これはどういうことだろう？」と疑問をもっている子どもや、「こっちかな、それともこっちかな」と迷っている子ども、「もしかしたら、こうかも！」と自分なりに考えている子ども、「あ〜、そういうことか、わかった」と発見している子どもなど様々な子どもの様子が見られます。

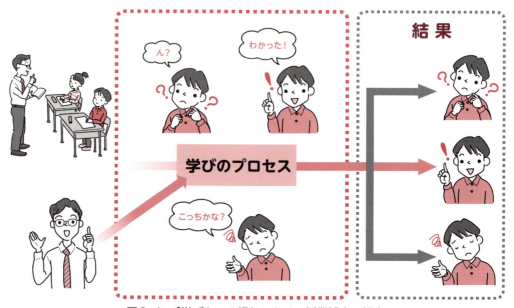

図2-1 「学びあいの場」における授業観察の視点

これらは、子どもが自分なりにいろいろ思考している姿であり、主体的な学びといえるでしょう。結果に注目していると見落としがちな子どもの主体的な学びは、学びのプロセスに潜んでいるのです（図2-1）。

授業を観察する際は、子どもの学びのプロセスに目を向け、子どもの立場で、子どもの内面を推察しながら子どもの様子を観ていきます。

③授業研究の視点

授業者は、授業を進めながら授業に参加するすべての子どもに目を向けるよう努力していますが、すべての場面ですべての子どもの姿を捉えることは困難です。

そこで、「学びあいの場」では、子どもの学びを見落とさないために、参観者（同僚）の力を借りています。参観者は、授業中の気になる子どもの様子をよく観察します。すると、子どもは何かをつぶやいていたり、友達の様子を見ていたり、友達に声を掛けたりしています。A先生は、その姿を捉え、「なぜ、あのとき、Mくんは○○したのだろうか？」とそのときの子どもの内面を推察します。そして、「Mくんが○○したのは、□□かもしれない」と解釈します。この時点では、まだA先生一人の解釈です。同時に、B先生とC先生もMくんの様子を見ています。しかしながら、見る角度やタイミングなどによって、3人の捉えは異なり、その解釈も異なっています。3人がそれぞれに見たMくんの姿を聴きあい、それぞれの異なる解釈を聴きあうことで、自分一人では気づかなかった新たなMくんの内面を発見することができるのです（図2-2）。

このように、「学びあいの場」は、授業者が一人では気づくことのできない子ども

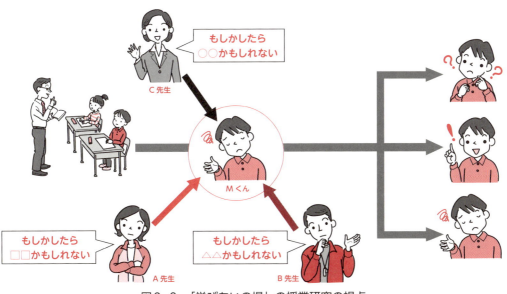

図2-2 「学びあいの場」の授業研究の視点

の内面を、参観者（同僚）と一緒に、多様な視点で、重層的に聴きあうことで、より適切に子どもの内面を推察できるようになることを目指すものです。言わば、「**問題発見型**」の授業研究です。

④授業研究をコーディネートする役割「プロンプタ」

「学びあいの場」では，授業研究を推進する担い手として**「プロンプタ」**という役割を設けています。

プロンプタは、すべての参加者が常に「子どもの姿」を基にして子どもの学びを推察し、授業者が一人では気づくことのできなかった子どもの姿とその内面の推察を協同して深めあうためにコーディネートするという重要な役割を担います。

2 「学びあいの場」のプロセス

「学びあいの場」は、①事前の解説（以下、ブリーフィング）、②公開授業、③授業の振り返り（以下、授業リフレクション）、④同僚の学びあい（以下、ラベルコミュニケーション）、⑤授業者との聴きあい（以下、アクティブ・リスニング）、⑥振り返り（以下、協同学習リフレクション）という流れで行います（図2-3）。

①事前の解説（ブリーフィング）

授業者は、公開授業の事前に「ブリーフィングシート」を書きます。これは、いわゆる指導案とは異なるものです。授業者は、この授業をするに至った「背景」や子どもが何をどんなふうに学んでほしいのかといった「ヴィジョン」を書いておきます。さらに、これまで授業をやってみて気になっていることも記しておきます。

②公開授業

授業者は授業を公開し、同僚がそれを参観します。

参観者は、ブリーフィングシートで汲み取った授業者の思いを念頭に置きながら授業を観察します。このとき、子どもが一生懸命に試行錯誤している場面や子どもが困っているように見える場面など、参観者が気になった場面を中心にできるだけ詳細に参観メモ（図2-4）を取ります。このメモが、気になる子どもの内面を推察する際の手掛かりとなります。そのため、参観者の捉えではなく、子どもや教師の言動をありのまま詳細にメモを取っておくよう留意します。

一方、プロンプタは、授業を詳細に観察し、プロンプタとして気になる場面を絞り、そのときの子どもの様子をメモに取っておきます。

公開授業後、授業者は、プロンプタと打ち合わせを行い、授業後の思いや気になる子どもの解釈を言語化し、同僚参観者に聴いてみたいことを絞り込んでいきます。

③振り返り（授業リフレクション）

公開授業後にワークショップを行います。ワークショップは、「図2-3 ③〜⑥」

第1節 富附特支型研修「学びあいの場」の特徴とプロセス

図2-3 「学びあいの場」のプロセス

に該当します。

　冒頭に授業者は、本時の振り返り（リフレクション）を行います。その内容は、授業のねらいが達成されたかどうかについての「自評」とは異なり、授業者がその日の授業実践を通じて気になっている子どもの行動や発言について、参観者の捉えや解釈、あるいは自分が見落とした子どもの姿など、参観者に聴いてみたいことなどです。参

17

第 2 章「学びあいの場」の概要

令和 元 年 5 月 16 日 水 曜日　　限		年　　　　組	NO.
教科名　　　　　国語		授業者　T	
単元名　　　　俳句を作ろう！		記録者　T	

時刻	教師の働きかけ	子どもの言動	考察
	書くときね、575音になるように、指を折ったり、手を叩いたりしてみてね。		
		いすに座る。	
		「ちー?」と言いながらプリントに「小さな船」と漢字を使って書く。	
	S君に近づき、書いている様子を見る。		
	肩を叩きながら、「S君、これ何音か数えてみて、一回」		
		鉛筆を持った右手で机を叩きながら、書いた俳句の一部を読む。	
	S君が言った後、指を折りながら、「ち、い、さ、な」	「ち、い、さ、な」	

図 2-4　授業参観メモ（例）

観者は、次のラベルコミュニケーション（④）でこのリフレクションを参考にします。

④同僚の学びあい（小グループでラベルコミュニケーション）

「学びあいの場」では、授業を参観した同僚同士が、それぞれに気になった場面について聴きあう際に、「ラベルコミュニケーション」という技法を用いています。

参観者は、ラベルコミュニケーションに参加する前に、授業を観て気になった場面の子どもの姿と、子どもがどうしてそのような行動をしたのかという解釈をラベルに書いて持ち寄ります。

そして、3〜4人のグループで互いの考えを聴きあいます（写真2-1）。それぞれの参観者が授業を観て捉えた子どもの姿を出し合い、子どもの捉えを豊かにすることで、新たな子どもの実態が見えてくることがあります（p.22第2節参照）。

なお、同僚がラベルコミュニケーションを行っている間、授業者は授業のビデオを観て、自分自身で振り返りを行います。授業中に見落としていた子どもの姿を発見したり、自分自身の関わりを客観的に観察したりして、このあとのアクティブ・リスニングに備えます。

⑤授業者との聴きあい（全グループでのアクティブ・リスニング）

授業者と各グループの報告者、プロンプタ、そしてすべての参観者が集まり、直接、授業者とやり取りをします。その際、授業者と顔を合わせ、互いの思いを感じ、汲み取りながら、一緒に子どものことを考えるという和やかな雰囲気づくりのために、授業者を囲むように座ります（写真2-2）。報告者は自分のグループで話題になった子どもの姿とその解釈を伝えたうえで、授業者はどのように解釈しているか質問します。

18

写真2-1　ラベルコミュニケーションの様子

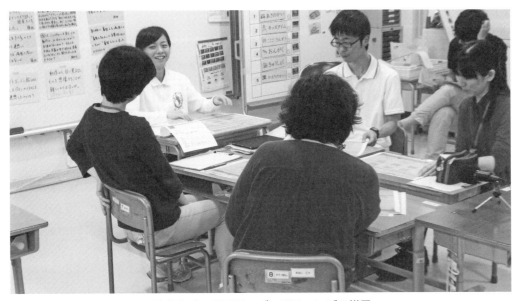

写真2-2　アクティブ・リスニングの様子

授業者は自分なりの解釈を語ります。

　プロンプタは、本時だけでは見えない子どもの姿（前時までの様子や日常場面の様子）を授業者から聴き出し、「だから～したのかも」とか、「いつもは～なんだ」と参観者の子どもの解釈を深めていきます。授業者は、プロンプタの質問に答えながら改めて子どもの実態に気づくことがあります。さらに自分の悩みが整理され、改善点の発見につながることもあります。プロンプタは、論点が逸れたり、「もっとこうしたらよかったのではないか」といった"教えあい"になったりした場合は軌道修正をし

ます。あくまで、**授業者自身が自分で問題を発見する**ことに留意しています。

⑥全体の振り返り（協同学習リフレクション）

アクティブ・リスニング終了後、ラベルコミュニケーションを行ったグループに戻り、協同学習リフレクションを行います。アクティブ・リスニングまでは、授業者の思いを汲み取り、授業者の気づきや学びにつながるように"聴きあい"を行ってきましたが、ここでは、参観者自身の気づきを振り返り、互いに"聴きあい"ます。正直に言葉にすることで、自分の学びを明晰化することにつながります。他者の学びに触れることで、自分の新しい学びの視点に気づくと考えます。

協同学習リフレクションの一方で、授業者はプロンプタと一緒に「学びあいの場」での気づきや学びを振り返ります。ここでも言語化すること、対話することを通じて学びを整理し、深めていきます。

3 「学びあいの場」の効果

「学びあいの場」で一人の教師が授業を公開し、同僚に子どもの様子を見てもらう機会は、年に1回ですが、すべての教師が1回ずつ公開授業を行います。年間10回程度の「学びあいの場」を通じて、自分が公開授業を行ったときだけでなく、同僚として参加した場合にも新たな「子どもの見方」に気づくことがあるかもしれません。「学びあいの場」における学びは、同僚同士が互いに支えあいながら、一人ひとりの教師が、それぞれに子どもを見る力を高めていくことができるものです。

子どもの姿という事実を基に、子どもの内面を推察する「学びあいの場」のプロセスは、**教師自身が「主体的・対話的で深い学び」を経験**しながら、自らの"見方・考え方"を豊かにするものであり、**教師の資質の向上**につながるものです。さらに自分自身のものの見方の癖や捉え方の傾向に気づくことができるものです（**自己省察**）。そして、「授業者のために」という気持ちで同僚が協同して子どもの実態を考えることで、**同僚性**が構築されるものです（図2-5）。

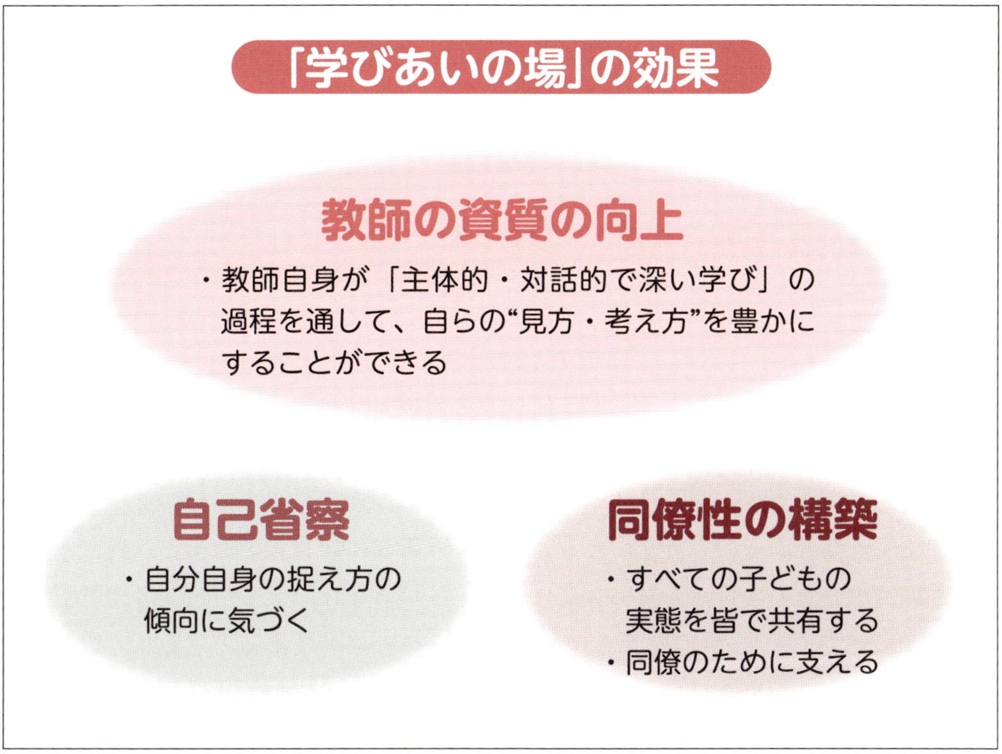

「学びあいの場」の効果

教師の資質の向上
・教師自身が「主体的・対話的で深い学び」の
過程を通して、自らの"見方・考え方"を豊かに
することができる

自己省察
・自分自身の捉え方の
傾向に気づく

同僚性の構築
・すべての子どもの
実態を皆で共有する
・同僚のために支える

図2-5 「学びあいの場」の効果

第2節
ラベルコミュニケーションの特徴とラベルの書き方

1　ラベルコミュニケーションの特徴

　ラベルコミュニケーションでは、公開授業を参観しながら取ったメモの中から、最も気になった子どもの姿を一つ選び青ラベルに、その姿の解釈を赤ラベルに書きます。この各自が書いたラベルを1人ずつ読み上げ、その場面の様子や自分の解釈について説明します。なぜ、そのような解釈をしたのか、青ラベルに書いた事実以外に、その前後や関連する場面の様子から具体的に説明していきます。後から授業者の解釈を聴くときや、皆で子どもの言動について考えあうときに必要であると思われる新たな事実や見方が出てきた場合は、「黄ラベル」に追記していきます。

　他の参観者は、1人が書いてきたラベルについて、自分の参観メモを参照しながら、自分が見た異なる事実やその事実についての自分の解釈を出しあっていきます。このときも、新たに出てきた事実や解釈があれば「黄ラベル」に書いて追加していきます。

　このように、ある子どもの姿について解釈を広げていきます。グループでの"聴き

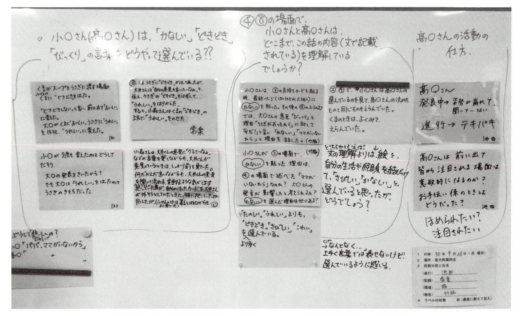

写真2-3　ラベルコミュニケーションで完成した「図解」

あい"が十分にできたら、この後に行うアクティブ・リスニングに向けて、解釈を整理し、絞り込んでいきます。

各グループで話題になったことがわかりやすいように、ラベルごとに「タイトル」を付けておきます。その際、キーワードやアドバイスを書くのではなく、子どもが青ラベルに書かれている姿を見せたのはどうしてか、その理由を"聴きあう"ための質問を書くこととしています。この「タイトル」を考える作業は、参観者がどんな子どもの姿が気になったのかを明確にするものです。

2　ラベルの書き方

本項では、ラベルの書き方について、二つの例を基に説明します。

一つ目は、教師の目線で授業を参観した場合と、子どもの立場で授業を参観した場合に、ラベルの書き方がどう変わるか具体例を用いて比較します。

算数科の金銭の扱いに関する学習場面で、「300円持っています。買える物は、どれでしょう」という問題がありました。Aさんが、カードを見て、320のカードを選び、みんなに「合っていますか」と聞きました。Bさんが「違います」と言ったため、先生は「Bさん、どうして違っていると思いましたか」と聞きました。Bさんが黙っていると、先生が「100のところが、3より小さい金額の物が買えます」と伝えた場面がありました（図2-6）。

この場面が気になった場合、どのような青ラベル、赤ラベルが書けるか考えてみましょう。

教師の目線で授業を観察すると、子どもの姿を事実として書く青ラベルには、「Bさんはしばらく考えていたが、答えることができなかった」と書くことがあるかもしれません。**ここで大切なことは、「答えることができなかった」と判断することでは**

図2-6　算数科の学習場面の具体例

なく、このときBさんが何を考えていたかという内面を推察することなのです。そのためには、Bさんの視線や細かな動きを観察し、行動レベルで書き表すことが必要です。「事実を書く」とはこういうことです。この場面を子どもの姿の事実で書くと、「先生が『どうして違うと思いますか』と尋ねると、Bさんはカードの方を見て黙っていた」となります。

また、子どもの姿をどう解釈したかを記入する赤ラベルには、「Bさんは説明の仕方がわからないので、視覚的な手掛かりがあったら答えられるのではないか」などと書くことがあるかもしれません。これは、「視覚的な手掛かりがあったら」と支援方法のアドバイスが書かれていることになります。これが子どもの立場で観ていたら、「Bさんは、理由はわかっていたかもしれないが、説明の仕方がわからなかったのではないか」などと、子どもの内面を推察した参観者の解釈が書かれるようになります（図2-7）。

二つ目は、ラベルの書き方の留意事項を「学びあいの場」で書かれた実際のラベルを例に用いて説明します。

スライド1～3は、これまでの「学びあいの場」で「子どもの姿」やその姿に対する教師の働きかけがありのままの事実で詳細に書かれている青ラベル、その青ラベルの事実に対する参観者なりの「子どもの内面」の解釈が書かれている赤ラベルです。

図2-7　問題の原因発見につながるラベルの書き方

第2節 ラベルコミュニケーションの特徴とラベルの書き方

「ラベルの書き方」について、どのような点が良いか解説してあります。

また、スライド4は、同じ場面を見ても、様々な捉えがあることを示しています。自分では事実だと思っていることがそもそも自分の見方であり、それは人によって異なるものであることがわかります。**他者の見方（解釈）を"聴きあう"ことの大切さ**がわかるかと思います。

伍〇さんは 吉松先生に
冷たいお茶を渡していた。
そのあとあついお茶を
渡そうとしていた。
　　　　　　西井

＜青ラベル＞
生徒の行動がありのままの事実で書かれている。

伍〇さんは「あつい」「つめたい」の理解ではなく、
自分に近い方のお茶を
渡したのでは？または、どちらかひとつを選ぶという意味がわからなかったのでは？ 西井

＜赤ラベル＞
生徒がどうしてそのような行動をしたのかについての解釈が書かれている。

スライド1

山〇は、なかなかお好めの本が
書けず、「むずかしそうな本ばっかり〜」とつぶやいて 社会史を歴史に書きかえた。その後もずっと模索していた。
Tが「歴史の本を読んだことある？」と聞くと「あります」と答えたが、すぐに書かなかった。　柳川

子どもの姿の事実が詳細に書かれている

この時の様子を見て
「生徒はこの時
何を考えたのか？」
「何でこうしたのか？」
が考えられている
（青ラベルと赤ラベルが
つながっている）

山〇は、自分は歴史の本を
読んだことがあるし、好きだけど、みんなが 分かる、むずかしくないお好めの本は どんながあるだろうかと ずっと考えていたのではないか。
　　　　　　柳川

子どもの目線に立った解釈が書かれている

スライド2

山〇さんが 日〇さん
との歴史の本の会話の
中で、「自分が好きなものが他の人も好きとは限らないから」と言った。
山〇さんなりに、他の人にも興味をもってもらえそうな話題の探し方や選び方を知りたかったのではないか。何でもいいから好きな本をという気持ちになれず、「えっ、ちょっと待って」と言ったのではないか。

なぜ、そうしたのか？

その場面での
「子どもの学び」に
迫った解釈が
書かれている

その時子どもが
何を学んだのか？
どう考えたのか？

スライド3

伍〇さんは 吉松先生に
冷たいお茶を渡していた。
そのあとあついお茶を
渡そうとしていた。
　　　　　　西井

伍〇さんは、T2に渡す
お茶を、すぐに渡した。
　　　　　　池田

伍〇さんに T2が「冷たいお茶をください。」と伝えた。
伍〇さんは、あつい方のお茶を渡そうとし、T1に止められ、冷たい方のお茶を渡した。
　　　　　　吉松

＜青ラベル＞
同じ場面でも、人によっては
捉え方が異なっている。
→ラベルコミュニケーション、
アクティブ・リスニングで、
事実確認をしてから解釈を重ね合わせることが大切。
→そのためにも、詳細な事実の記録が必要。

スライド4

25

第3章

実践事例

　本章では、以下の三つの実践事例を紹介します。

　プロンプタがどのようにファシリテーションしていったのか、学習者である授業者や参観者にどのような学びがあったのかをお伝えしたいと思います。

＜事例の特徴＞

事例**1**　主にプロンプタが授業者と対話することによって、授業者が自身の決めつけた子どもの見方に気づいた事例

事例**2**　プロンプタが"聴いてつなげる"ことで、授業者が参観者との対話を通じて子どもの実態を捉え直した事例

事例**3**　プロンプタが参観者の解釈を関連づけて掘り下げていく中で、授業者が子どものつまずきの原因を発見した事例

第 3 章 実践事例

事例 1 教師にとっての「当たり前」と「子どもの捉え」の差異への気づき

授業者：Y・T

＜授業（自立活動）の要旨＞

　小学部 5、6 年生 3 名がタブレットPCでゲームアプリを操作し、宿泊学習で訪れた牧場のお土産を買った売店やピザ作り体験をした食堂、放牧地を分担して作る。振り返り場面で子どもがお互いの作品の良いところを『いいね』マークをつけて認めあったり、アドバイスしあったりすることを通して、コミュニケーション力の向上や人間関係の形成を目指した授業。

＜協同的な学びの要旨＞

　授業者は、子ども同士が相互評価する際に友達の作品の未完成部分に『いいね』マークを貼った子ども（千春）のことを、「いつも友達の良くないところを指摘してしまう子どもである」と無意識のうちに決めつけていました。しかし、「学びあい」を通じて、自分（授業者）の「いいね」の捉えと、子ども（千春）の「いいね」の捉えが同じではなかったことに気づきました。さらに、自分が「当たり前」と思っていても子どもにとってはそうではないということに気づきました。また、「最初に、食堂の壁を作ってください」という授業者の指示通りに制作しない子ども（夏夫）のことを「自分の好きなようにタブレット PC を操作したい」からだと捉えていました。「『食堂』とはピザ作り体験をした場所である」と当然わかっていると思い込んでいました。しかし、子ども（夏夫）は『食堂』がどの建物のことか理解できておらず、子ども（夏夫）と自分との認識のズレに気づきました。

　同僚参観者が書いたラベルには、授業者の捉えとはまったく異なる捉えが多数ありました。プロンプタは、授業者の新たな「子どもの見方」の発見につなげられるよう、「〜というラベルから、〇〇ということに気づかれたのですね？」などと授業者が同僚参観者の捉えをどのように受け止めたのか具体的に確認しながら、参加者全員で共有できるようにアクティブ・リスニングを進めていきました。

　「学びあいの場」終了後の振り返りで、授業者と参観者が声をそろえて、「自分ではまったく考えもしなかった"子どもの見方"に気づき、本当に"なるほど〜！"と思った！」と語りあいました。授業者は、今後、「学びあいの場」で気づいた新たな「子どもの捉え」を意識して子どもたちと関わってみたい！と述べていた事例です。

28

1 事前の解説（ブリーフィング）

※一部抜粋

<授業名>	自立活動「ゲームアプリで牧場を作ろう」
<対象児童>	小学部5、6年（小5：千春、夏夫　小6：秋彦）
<授業者>	Y・T
<本時／全体>	5／8

<授業者の思い>

　本単元では、タブレットPC用ゲームアプリを教材として使用した。ゲームアプリは、指1本で画面をタッチするだけで広大なフィールドに様々な種類のブロックを自由に配置し、建物を作ることができる。授業者は、ゲームアプリを使用することで子どもが簡単に自分の考えを表現できるのではないか、また、子ども同士が協力する場面を設定することで友達の話を聞いて考えを受け入れたり、そのうえで自分の考えを伝えたりできるようになるのではないかと考えた。

　これまでの学習でゲームアプリを用いて個々の家を作ったり、全員で協力してコンビニを作ったりした。また、ゲームアプリで建物を作る前には、建物のイメージをもちやすいように実物のブロックで建物のモデルを作成した。

<単元計画>

※作る建物をイメージしやすいように、単元を通して、①実物のブロックで作成、②ゲームアプリで作成という手順で行った。

第1次	第2次	第3次（本時）
家を作ろう	**コンビニを作ろう**	**牧場を作ろう**
・個々に家を作成 ・建物の概念を理解できていない（壁がバラバラ、建物の外側に扉や靴箱を設置など） ⇒**建物の概念形成**（壁がつながっている、扉は部屋の行き来のためにあるな	・3人で一つのコンビニを作成 　＝**子ども同士のやり取り増加**をねらう ・**振り返り**場面を設定 　＝子どもが互いに自分の作品を紹介し合い、アドバイスし合うことをねらう	・宿泊学習で行った思い出の牧場を友達と分担して作成 　千春：放牧地 　夏夫：食堂 　秋彦：牛舎 ・**中間報告、振り返り**場面を設定 ・**約束**を設定

第3章 **実践事例**

ど） ・ゲームアプリの操作方法の 　理解	・**約束を設定** ※アドバイスがあるときは 　伝えよう	※自分のイメージと異なっ 　ても友達の思いを尊重し 　よう

＜授業者が捉えた児童の実態（Before）＞

千春	・困ったとき、他者に助けを要求できる。 ・友達の意見に流されやすい。 ・友達の意見の意味を理解できず、結果的に無視することがある。 ・友達からのアドバイスが良いと思ったら写真や図を手掛かりに修正できる。 ・友達の作品を見て良い点を簡単な言葉で伝えることができる。
夏夫	・友達の意見を理解できず、結果的に無視してしまう。 ・自分の意見を主張できず、友達に迎合することがある。 ・思い通りにならないと自分の世界に入る。 ・勝手に共同制作の活動からログアウトし、自分一人でできる好きなゲームを始める。 ・視覚的な手掛かりを用いて工夫点を伝えたり、友達からのアドバイスに対する自分の意思を言葉やジェスチャーで伝えたりできる。 ・友達からのアドバイスが良いと思ったら写真や図を手掛かりに修正できる。 ・友達の作品を見て良い点を簡単な言葉で伝えることができる。
秋彦	・写真や図を手掛かりにコンビニをイメージできる。 ・友達ができないことに苛立ち、自分の思いを押しつけたり暴言を吐いたりする。 　⇒言葉だけでは友達には伝わりにくいことを理解し、写真や図を用いて友達に説明することができるようになってきた。 　⇒自分のイメージと異なっていても、友達の作品の良いところを見つけて認めることができるようになってきた。 ・夢中になると、終了時刻を守れなくなることがある。 　⇒スマートスピーカーを手掛かりに終了時刻を守れるようになってきた。

＜本時の活動の流れ＞

①本時の活動と約束の確認	・前時までに作成した建物を見て、本時に作成すべき箇所を確認する。 ・活動の約束の確認を行う。
②ゲームアプリで牧場を作る（前半）	・各自が担当する建物（牛舎、放牧地、食堂）を作成する。
③中間報告	・友達が作った建物を見て、称賛やアドバイスをする。 ・友達のアドバイスを参考に後半の作り方を考える。
④ゲームアプリで牧場を作る（後半）	・各自が担当する建物（牛舎、放牧地、食堂）を作成する。
⑤活動の振り返り	・作った建物の工夫した箇所や好きな箇所を発表する。 ・友達の建物を見て、工夫した箇所や素敵な箇所を称賛する。

＜観てほしいところ＞

・子どもがそれぞれにタブレット PC を使って活動しているため、どのようにブロックを選んだり、配置したりしているか制作の過程を見ることが難しい。子どもが自分の考えをゲームアプリで表現している様子を観てほしい。

・自分の世界に入ってしまい友達の発表を聞くことが難しい夏夫や、価値観の違いから友達の思いを認めることが難しい秋彦が振り返りの場面で友達の発表をどのように聞いていたか、その様子を観てほしい。

2 公開授業
(1) 単元指導計画

<教科名>　　　自立活動（時間）
<単元名>　　　ゲームアプリで建物を作ろう
<単元の目標>　・写真やブロックを参考にして、建物の位置関係や特徴を捉え、ゲームアプリでブロックを並べたり積み上げたりして建物を作ることができる。（環境の把握）
　　　　　　　・友達の作った建物の良いところやこんなふうにしたらというアドバイスなどを見つけ、友達に伝えることができる。（コミュニケーション）
　　　　　　　・友達のアドバイスが良いと思ったときは、アドバイスを受け入れ、建物を修正する。（人間関係の形成）

教師の支援

- 作成する建物は児童らにとってなじみがあるものや、親しみがもてるものなどを選ぶ。
- 児童がアドバイスしたいことが友達に伝わるように、大型テレビの画面に作成した建物を映し出し、そこに書き込みをして注目できるようにする。
- 素敵だと思ったところやその理由をうまく友達に伝えることができるように、「まっすぐ」「好きな色」などの文字やイラストが書かれたコメントカードを用意しておく。

(2) 授業の様子

写真3-1：
教師が夏夫にやり方を確認する様子

写真3-2：
中間報告の場面で緑の草のところを線で囲み、「床を作ってください」と秋彦（左）に対してアドバイスをする千春（中央）

ラベルコミュニケーション、アクティブ・リスニングに関わる授業の様子のみ抜粋（ラベル1）中間報告、振り返りの場面①

＜中間報告の場面＞

教師：「今から、みんなの作品がどういうふうになったか確認していきます」

千春：「まずは夏夫くん、どうぞ」

夏夫：タブレットPCに映った作品を見ながら「食堂を作りました。アドバイスはありますか？」

千春：挙手して「あります！」。変な形の夏夫の作品画像（写真3-3）を見ながら「**四角く作ってください**」

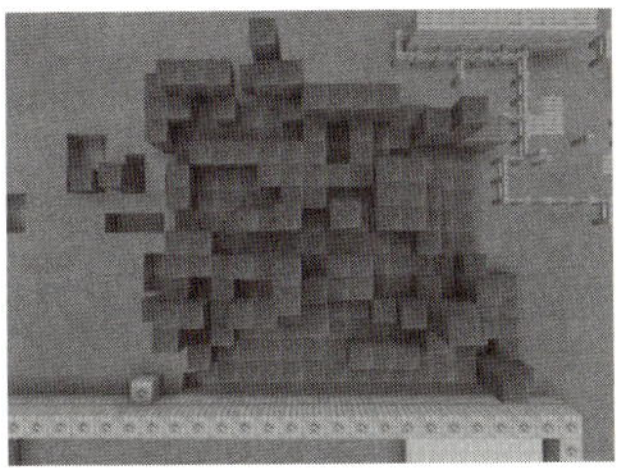

〜途中省略〜

写真3-3：
中間報告時の夏夫の作った食堂

秋彦：タブレットPCを見ながら、「牛舎を作りました。アドバイスはありますか？」

千春：挙手して「はい！」

教師：「千春さんどうぞ」

千春：タブレットPCの秋彦の作品を見ながら「**床を作ってください！**」
（p.39ラベル1）

写真3-4：
中間報告時の秋彦の作った牛舎

秋彦：「はい、はい。作ろうと思ってたのに〜」

〜途中省略〜

中間報告後、またそれぞれ作品づくりに取り組む。

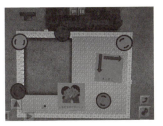

＜振り返りの場面＞

教師：「千春さん、秋彦くんの作品に『いいね』してください」

千春：「ここかな」（床ができていない未完成の部分に『いいね』を貼る）
（p.39ラベル1）

写真3-5：
振り返り時の秋彦の作った牛舎

教師：「千春さん、千春さん、聞いてね、いいところだよ。『いいね』のところに貼るんだよ。ここで大丈

写真3-6：
床のない芝の部分に『いいね』が貼られている

夫？『いいね』のところだよ」
千春：「はい」
教師：「直すところじゃないよ」と言うと千春が『いいね』を貼り替えた（写真3-7）。
〜省略〜

写真3-7：
『いいね』を貼り替える様子

ラベルコミュニケーション、アクティブ・リスニングに関わる授業の様子のみ抜粋（ラベル2）振り返りの場面②

＜振り返りの場面＞

教師：「では、夏夫くんから始めましょう」。作品が映ったタブレットPCを夏夫に渡す。
　　　「お気に入りのところに印を付けてください」

夏夫：タブレットPCの画面に映った自分の作品（食堂）の『お気に入り』に指で印を付ける（写真3-8）。

写真3-8：
夏夫（左）が自分の作品の『お気に入り』に指で印を付ける様子

教師：「ここなんだね。どういうところを頑張ったのかな？」

夏夫：「真っ直ぐに作りました」

教師：「そうだね。さっきまで真っ直ぐじゃなかったのに、真っ直ぐになったね。よく頑張りました」
　　　「では、千春さんと秋彦くん、夏夫くんのいいところ探しをしてください」

千春：一生懸命にいいところのカードを選んでいる。

秋彦：夏夫の作品の画像（TV）を見て、いいところを考えている様子。

夏夫：周囲の参観者のほうを振り向き、**千春、秋彦のほうは気にしていない様子。どんどん自分の世界に入っていくような様子。**（p.41 ラベル2）
　　　〜途中省略〜

教師：「秋彦くんがいっぱい（『いいね』カード）貼ってくれたから、秋彦くんから聞こう」

秋彦：「緑のところがちゃんと四角になっている」

夏夫：あまり聞いていない様子。（p.41ラベル2）

教師：「夏夫くん、聞いて」と夏夫に声を掛ける。

「夏夫くん、ちゃんと四角になっているって。良かったね」と秋彦のコメントを繰り返し個別に伝える。

夏夫：「やったぁー」

〜途中省略〜

教師：「夏夫くん、せっかくだからこれ（『いいね』カードが貼られたボード）を持っていって（参観者の）先生に『いいね』を貼ってもらってください」。「いいね、お願いします、だよ」

夏夫：「いいね、お願いします」。教師の言葉を復唱する。

教師：「夏夫くん、先生方は「いいね」を探すプロだからお願いしてきて」

夏夫：「N先生、『いいね』…」

教師：「僕の食堂に『いいね』をしてください」（夏夫の言葉に補足する）

夏夫：教師と一緒に言う。

N教諭：「私も秋彦さんと一緒で、真っ直ぐになっているところがいいと思いました」

夏夫：N教諭のコメントを聞いておらず、教師に呼びかけられて聞き、「はい」

（p.41ラベル2）

〜省略〜

ラベルコミュニケーション、アクティブ・リスニングに関わる授業の様子のみ抜粋（ラベル3）振り返りの場面③

＜振り返りの場面＞

教師：作品が映ったタブレットPCを千春に渡し、「では、千春さん、いいなと思ったところに印を付けてください」

千春：タブレットPCの画面を見ながら、いいところを探している。

夏夫：よそ見をしている。

教師：「夏夫くん」と呼びかけ、「見て」カードを提示して注意喚起する。
夏夫：一瞬、教師のカードを見るが、その後、また周囲を見渡している。
　　　　〜途中省略〜
教師：「それでは、夏夫くんと秋彦くん、『いいね』を貼ってあげてください」
夏夫：スッと立ち上がり、『いいね』カードを2枚取ってくる。
教師：「夏夫くん、お話できるところに付けるんだよ。」
夏夫：2枚の『いいね』カードを両手で同時に貼りつける。
教師：「夏夫くん、これの何が良かったか、聞くから考えておいて」
夏夫：秋彦が考えて、『いいね』カードを貼ろうとしている間もずっとよそ見をしたり、手や体を動かしたり、独り言を言ったりしている。

写真3-9：
TV画面に映っている千春の作品に秋彦（右）と夏夫（左）が『いいね』を貼ろうとしている様子

　　　　〜途中省略〜
教師：「夏夫くん、夏夫くん、この青い（『いいね』カードの）ところ、どういうところが良かったんですか？」
夏夫：「どういうところが良かったの？」（p.43ラベル3）
教師：「夏夫くん、ここ、どういうところがいい？」
夏夫：「いいの？」（p.43ラベル3）
教師：「うん、いいねなの？」
夏夫：体を揺らしながら「は〜えーっと…、えーっと…」（p.43ラベル3）
教師：「ここ、広ーく作れているのがいいのかな？」
夏夫：「広く作れた」
教師：「そうだね。広く作ったよね。ここにも馬が置けそうだよね」
　　　　〜省略〜

3 振り返り（授業リフレクション）

（1）授業者の思い

　子どもたちがブロックなどのおもちゃを集めて持ってきて、「それいいね」「今度これ作るよ」「ぼく、これしようかな」「君、そっち作ってよ」というような、私たちが幼い頃に経験した友達と一緒に相談し、関わりあいながら遊ぶ経験をしてもらいたいという思いからこの授業をつくりました。しかし、子どもたちは、関わりあうことがまだ難しい段階にありました。そこで、今回は友達から『いいね』という称賛の言葉をもらい、親近感を味わう経験を重ねることで、友達の作品の良いところに目を向けた関わりができるようになってほしいと考えて本単元を設定しました。

（2）授業者が聴きたいこと

　振り返りの場面で、『いいね』は友達の良いところを見つけるのだと確認していますが、今日も千春は何もないスペースに『いいね』を貼って「何もありません」と言いました。自分には「指摘」をしているように思えました。参観者のみなさんは、千春の『いいね』をどのように見られたか聴かせてほしいです。

　夏夫は、どうしても自分の世界に入ってしまい、なかなか友達と関わることができていないように感じています。『いいね』を貼っていますが、「どういうところが『いいね』だったの？」と聞くとうまく話すことができません。これは、自分の世界に入っていて話が聞けていないからなのか、それとも『いいね』の意味がわかっていないからなのか、何がわからないのか。夏夫が『いいね』の理由を語ることができなくて困っていたら、自分が代弁をしてそれを聞いて『いいね』を理解できるようになってほしいと考えていますが、夏夫にとっての『いいね』について、授業を観られてどのように捉えたかを聴かせてほしいです。

　また、この授業では好きなものを自由に作ってほしいと考えていました。しかし、3人の協同制作ということに自分が固執し、今日は夏夫が自分のペースでどんどんタブレット PC を操作しようとするのを止めてしまいました。すると、夏夫はしっかりと壁を作っていました。それは、自分が止めたことで我慢して作ったのか、それとも中間報告で千春から「四角くしてください」と言われたことを受けて壁を作り始めたのか、または、偶然そうなっただけで、夏夫は自由奔放にタブレット PC を操作していたのか。夏夫の姿を見ていなかったので聴かせてほしいです。

　秋彦は、普段は衝動的で、友達と関わるときもついつい暴言を吐いて気を引くような児童です。一方で緊張しやすく、かしこまった場面では言葉が出なかったりイライラしたりすることがありますが、今日は友達の良いところを見つけたり、内容もわかって丁寧に作ったり

していたように思いました。衝動的な場面はなかったか、ずっと集中して取り組んでいたかなど秋彦の様子を聴かせてほしいです。

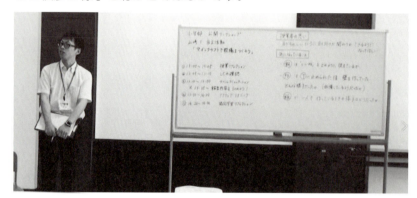

写真3-10：
ワークショップの冒頭で授業リフレクションを述べる授業者

4 ラベルコミュニケーション（事実と解釈）

写真3-11：
参観者がラベルコミュニケーションをする様子

（1） Ａグループ（3名：小学部教諭2、養護教諭1）の聴きあい（一部抜粋）

（ラベル1）中間報告、振り返りの場面①（33ページ）参照

（青ラベル1）＜事実＞
千春は、秋彦の作ったものについて、中間報告では「床を作ってください」と言った。振り返りでは、床のないところに『いいね』のマークを付け、「緑の草がきれい？」との教師の言葉に同意した。　　　　　　　　K・H

（赤ラベル1）＜解釈＞
千春は、中間報告のときと比べて床ができたかどうかではなく、□の状態を見て草が残っている"整った四角い形"をいいと捉えたのではないか。

K・H

進行：K・H

　千春の『いいね』は本当にいいねなのか、指摘なのか、ということから始めます。
　千春は、中間報告で秋彦に「床を作ってください」と言いましたが、振り返りでは、床のないところに『いいね』のマークを付けました。教師が「緑の草がきれい？」と聞くと、「そうかな…」みたいなことを言ったと思う

んですよね。
　千春が「床を作ってください」と言ったとき、この（外側の）四角だったんですよね。千春は、この斜線部分の芝の形がきれいな四角だったから、何か良く見えちゃったのかなと思います。

進行：K・H

　千春についてのラベルを書いた人は他にいませんね。では、次のラベルにいきます。

（ラベル2）中間報告、振り返りの場面②（34ページ）参照

（青ラベル2）＜事実＞
最後の振り返りで夏夫は、他の友達の結果をよく見ていなかった。
　　　　　　　　　　　　I・Y

（赤ラベル2）＜解決＞
友達が作ったものはあまり興味がないのか。作業は楽しいが、振り返りは興味がない？
　　　　　　　　　　　　I・Y

I・Y

　最後の振り返りで夏夫は、他の友達の結果をよく見ずに興味がなさそうでした。友達が作ったものはあまり興味がないのか、先生が言っておられたように、作るのは楽しいが、振り返りということには興味がないのかが気になりました。

進行：K・H

どんどん作っていくのはいいんですよね。

U・S

夏夫は「早く作りたいよね〜」と言っていましたね。

進行：K・H

　作っていないときは待ち（時間）で…、友達が振り返っているときも、紹介されているときも待ちなんでしょうか？

夏夫は、『いいね』をすぐに貼っていました。

U・S

あんなにすぐに貼っていて、考えているのかな…って思いました。貼ったあとも見てないですし。

I・Y

進行：K・H

貼るという「作業」になっているのかもしれないですね。

そうですね。

I・Y

事例1　4 ラベルコミュニケーション（事実と解釈）

（ラベル3）振り返りの場面③（35ページ）参照

（青ラベル3）＜事実＞
振り返りのとき、夏夫は千春の作った放牧地の □ に『いいね』を貼った。教師に「どういうところが良かったの？」と聞かれ、「いいの？」と繰り返したり、「えーっ」と言ったりした。
　　　　　　　　　　　　　U・S

（赤ラベル3）＜解決＞
夏夫はどうして自分から感想を言ったり、カードを貼ったりできなかったのだろうか？　自分の感想に合うカードがなく、どう伝えればよいかわからなかったのか。
　　　　　　　　　　　　　U・S

U・S

　振り返りのとき、夏夫は千春の作った放牧地の何もないところに『いいね』を貼って、先生に「どういうところが良かったの？」と聞かれても、「いいの？」と繰り返したり、「えーっ」と言ったりしていました。
　夏夫はどうして自分から感想を言ったり、カードを貼ったりできなかったのだろうか？と思ったんですけど…。その後、先生が「広く作ったのが良かったの？」と聞いたら、「広く作った！」と言っていたから、もしかしたら自分の感想に合うカードがなく、どう伝えればよいかわからなかったのかもしれないとも思いました。でもこれですよね…これ…（と言いながら、直前に記録係が書いた（黄ラベル2：夏夫は、（フロアの）N先生から『いいね』を貼ってもらったとき、見ていなかった。『いいね』をもらうことに興味がないように見えた。）を指さしながら、）あまり考えていないですよね…

進行：K・H

　友達のことに興味をもっていたら、作っていないときも「我慢」ではないかもしれません。夏夫は、自分が作

> ることには興味や意欲がある。でも、みんなで一つの牧場を作るということは、どう思っているのでしょうか。

> タイトルは何て書いたら（アクティブ・リスニングで何を聴いたら）いいですか？

I・Y

> 夏夫はどうして見ないのか。友達のをちゃんと見ているか？

U・S

> うーん、ちゃんと見ていなかったんだよね…

I・Y

進行：K・H

> 結果を見てない。振り返りのときは、言われているから見ていて、『いいね』を貼るんだけど…

> 振り返りに興味ないんですよね。きっと。

I・Y

進行：K・H

> とりあえず、貼ればいいやと思って貼っているのか、U・S先生が言われたみたいに、うまく伝えるすべがないから、どうせないからいい！みたいな感じなのか…

事例1　4ラベルコミュニケーション（事実と解釈）

I・Y

（アクティブ・リスニングで）授業者に何を聴けばいいですかね？

進行：K・H

何を聴きましょうか？　夏夫は何を基準に『いいね』を貼っているか？

I・Y

この辺りを聴いてみますか。

> ＜ホワイトボードにタイトル（授業者に聴きたいこと）を記入＞
> 夏夫は何を基準に『いいね』を貼っているのか？

進行：K・H

秋彦は、本当に『いいね』と思って作っているし、理由も説明できるけど、千春、夏夫の2人はどう捉えているのかというところは…一緒に相談して作ることはできるけれど、作ったものに対していいと思うかどうかはわかりません。

I・Y

子どもたちは何を思っていいとするのでしょうか。確かに、真っ直ぐでもいいかもしれないし、曲がっていてもいいかもしれないですもんね、ただ、その『いいね』の基準なんですよね。

45

第3章 実践事例

＜ラベルコミュニケーションで完成したＡグループの図解＞

千春は、本当に『いいね』と思って貼っていたかも？　　**夏夫は、何を基準に『いいね』を貼っているのか？**

（青ラベル１）＜事実＞
千春は、秋彦の作ったものについて、中間報告では「床を作ってください」と言った。振り返りでは、床のないところに『いいね』のマークを付け、「緑の草がきれい？」との教師の言葉に同意した。　　　　　　　　　　Ｋ・Ｈ

（青ラベル２）＜事実＞
最後の振り返りで夏夫は、他の友達の結果をよく見ていなかった。
　　　　　　　　　　Ｉ・Ｙ

（赤ラベル１）＜解釈＞
千春は、中間報告のときと比べて床ができたかどうかではなく、▢の状態を見て草が残っている"整った四角い形"をいいと捉えたのではないか。
　　　　　　　　　　Ｋ・Ｈ

（赤ラベル２）＜解釈＞
友達が作ったものはあまり興味がないのか。作業は楽しいが、振り返りは興味がない？　　　　　　　　　　Ｉ・Ｙ

（黄ラベル１）
千春は、中間報告のとき、夏夫に対して四角く作るというアドバイスをしていた。四角が良いと思っているのでは？

（黄ラベル２）
夏夫は、（フロアの）Ｎ・Ｎ先生から『いいね』を貼ってもらったとき、見ていなかった。『いいね』をもらうことに興味がないように見えた。

事例1　**4 ラベルコミュニケーション（事実と解釈）**

（青ラベル３）＜事実＞
振り返りのとき、夏夫は千春の作った
放牧地の〔　　　〕に『いいね』を貼っ
た。教師に「どういうところが良かっ
たの？」と聞かれ、「いいの？」と繰
り返したり、「えーっ」と言ったりした。
　　　　　　　　　　　　　　U・S

（赤ラベル３）＜解釈＞
夏夫はどうして自分から感想を言った
り、カードを貼ったりできなかったの
だろうか？　自分の感想に合うカード
がなく、どう伝えればよいかわからな
かったのか。　　　　　　　　U・S

<ラベルコミュニケーションで完成したBグループの図解>

秋彦が「えー」と言ったのはなぜだろう？　　**なぜ、千春は自分でアドバイスカードを選んだのに、貼る場所を迷っていたのだろう？**

（青ラベル4）＜事実＞
千春が、秋彦の作品に『いいね』を貼ったとき、秋彦は「えー」と言った。
E・Y

（青ラベル5）＜事実＞
2回目の秋彦の振り返りの場面で千春は『いいね』を芝に貼った。「どういうところがいいねなの？」の問いに黙っていた。教師が手掛かりから選ぶように促すと友達のアドバイスカードを選び、その後「えーと、どこだっけ？」とつぶやいていた。
N・N

（赤ラベル4）＜解釈＞
秋彦が「えー」と言ったのはなぜだろう？　千春のアドバイスを受け止めて丁寧に作っていたが、仕上がらなかったことを秋彦は残念に思っていた。そこを認めてもらった驚きがあった？
E・Y

（赤ラベル5）＜解釈＞
答えに自信がもてず、どこでもいいから貼るという気持ちにもなれず、不安だったのではないか。　　　　N・N

（黄ラベル5）
千春にとって『いいね』の捉えは？

なぜ、千春は緑の部分に『いいね』を貼ったのだろう？

（青ラベル6）＜事実＞
千春は秋彦の作品の草の部分に『いいね』を貼った。教師は「千春さん、いいねにだよ」「直すところじゃないよ」と言った。千春は「うん」と言った。
K・N

（赤ラベル6）＜解釈＞
千春は草も床で埋めるといいねと思ってカードを貼ったのだろうか？（中間報告では、「床を作ってください」と言っていた）
K・N

（黄ラベル6）
千春は残った緑の部分に良さを感じていたのではないか？（緑や色）

第 3 章 **実践事例**

<ラベルコミュニケーションで完成したＣグループの図解>

**千春は、なぜ、芝に『いいね』を貼っ　　なぜ、床を埋めるのか？
たのか？**

（青ラベル７）＜事実＞
秋彦の作品を振り返るとき、教師は千春に「いいねに貼るんだよ」と何度も伝えた。千春は「うん」と言いながら緑の芝の上に『いいね』を貼った。
　　　　　　　　　　　　　　　Ｈ・Ｙ

（青ラベル８）＜事実＞
夏夫は床を埋めていた。
教師が「まっすぐ、まっすぐ、壁を四角く作ってくよ」と言った。
夏夫は壁を作り出した。
教師が「夏夫さん、上手に作ったね。ピザ作れそう」と言うと、夏夫は「やったー」と言った。　　　　Ａ・Ｙ

（赤ラベル７）＜解釈＞
教師が、千春に「（床を）埋めてほしいの？」と聞き、『いいね』を床に貼ろうとすると、千春の表情が変わった。千春が本当にいいねと思ったことは何だと考えていますか？　　　Ｈ・Ｙ

（赤ラベル８）＜解釈＞
壁を作るとどんな良いことがあるかわからなかったのか？　ピザが作れるといいのか？　　　　　　　　Ａ・Ｙ

（黄ラベル７）
教師は、なぜ、『いいね』を床に貼り直したのか？

なぜ、秋彦は千春の言うことを落ち着いて受け入れられるのか？

（青ラベル9）＜事実＞
秋彦は、1回目の活動開始時に「何分にしますか」「何分にしますか」と2回言った。2回目の活動終了時、教師に「もうちょっといい」「待ってください」と言って活動をやめなかった。

C・S

（赤ラベル9）＜解釈＞
秋彦は時間を守る意識はあったが、千春の「床を埋める」アドバイスができず、悔しくてうまくコントロールできなかったのでは？

C・S

（黄ラベル9）
秋彦と千春は、お互いに意識しあっているところが多くあった。なぜ、夏夫の言っていることには、注意を向ける力が弱いのか？

5 授業者との聴きあい（全グループでのアクティブ・リスニング）

＜話題1＞千春の『いいね』に込めた意味合いについて
＜話題2＞夏夫の『いいね』を貼る基準について
＜話題3＞夏夫にとって「壁を作る」という意味合いについて
＜話題4＞秋彦の様子とその気持ちについて

写真3-12：
授業者、プロンプタ、各グループの報告者が集まり、アクティブ・リスニングを行う様子

＜話題1＞千春の『いいね』に込めた意味合いについて

プロンプタ：Y・K　流れづくり
　すべてのグループで千春の『いいね』のことがラベルに挙がっていました。授業者のY・T先生は、千春はこれまで、もっとこうしたらいいねというような「指摘」の部分に『いいね』を貼っているように感じています。参観者のみなさんには、どのように見えたか聴かせてほしいとおっしゃっていました。Aグループではどのようなことを話し合ったか報告者の先生、お願いします。

U・S
　千春は、中間報告では床を作ってくださいと言っていましたが、振り返りでは床のないところに『いいね』を貼っていました。この場面について、千春は前の状態と比べて床ができたかどうかではなく、"整った四角い形"をいいと捉えたのではないかという意見がありました。「指摘」をしてしまったというより、本当にいいねと思ったのかもしれないという意見が出ました。

プロンプタ：Y・K　確認・深める
　その根拠として、（黄ラベル1）にあるように、千春は、中間報告のとき、夏夫に対して四角く作るというアドバイスをしていたから、四角が良いと思っているのではないかと話し合ったのですね？
※根拠を確認して推察したことを裏づける

U・S
　夏夫の作品の中間報告の際に、千春は「四角を作ってください」と指示していたの

で、四角が良いと思っているのかもしれない、という捉えが出ました。

プロンプタ:Y・K 確認
なるほど。千春は指摘したのではなく、四角いのが良いと思っており、残っていた床のない部分もきれいな四角だったから『いいね』と思ったのではないかということですね。

プロンプタ:Y・K つなぐ
Bグループも同じ場面を取り上げておられるようですが、どのような解釈がでましたか？
※解釈の幅を広げる

K・N
千春は中間報告では「床を作ってください」と言っていたので、残っていた床のないところも床で埋めるといいねと思ってカードを貼ったのか、それとも、きれいに残ったところに良さを感じて『いいね』を貼ったのかという解釈が出てきました。
そもそも『いいね』の意味がどの程度わかっているのか…。
夏夫の作品の真っ直ぐなところには『まっすぐ』を貼っていた。千春にとって『いいね』は上手という意味なのか、きれいという意味なのか、前より進んだという意味なのか、何をもって『いいね』としているのかということが話題になっていました。

プロンプタ:Y・K つなぐ
Cグループでも同じ場面が話題になっていたようですが、どのような解釈がでましたか？
※さらに解釈の幅を広げる

H・Y
秋彦の作品の振り返り場面で、授業者は何度も千春に「いいねに貼るんだよ」と伝えましたが、千春は「うん」と言いながら残っていた床のないところに『いいね』を貼りました。もしかしたら千春は、床がないからそこを埋めてほしいという思いで『いいね』を貼ったのかと思ったという意見が出ました。
授業者が「床を埋めたことがいいんだよね？　床を埋めてほしいんだよね？」と言って、『いいね』を動かそうとしたとき、千春の表情が変わったように見えました。
千春は『いいね』をどんなふうに捉えているのかという話をしました。
また、千春は気づいているのだから、「指摘」ではなく、その気づきをどう伝えていくのかという話をしました。

プロンプタ:Y・K 聴く
授業者は今の意見を聞いてどうですか？
※複数の解釈を聞き出したうえで授業者の解釈を聴く

授業者：Y・T
どの意見もその通りだなと思いました。**今まで、決めつけていたところがあったので、今、見方が広がったというところがあります。**
まず、千春が四角がいいねと思っているということについても、そうかなと思いました。というのも、最初、ブロックで家を作ったときに、3人は壁や玄関がバラバラで、

第3章 実践事例

これは一体何？という状態でした。そこで、彼らに建物の概念を伝える際に、遊戯室を家に例えながら「壁があってくっついているね。形はどう？」と聞いたら、子どもたちは『四角』と言いました。「そうだね。四角だね～建物は四角なんだよ。」と、かなり四角ということを強調して言いました。

　今の話を聴いたら、確かに四角は良いということは確実に思っているなと思いました。

　また、『いいね』の意味を3人に伝えていませんでした。その辺もしっかりと押さえて、自分を含めて『いいね』の意味を共通理解しないといけないと思いました。

　Cグループからの、僕が『いいね』を床に貼ろうとすると、千春の表情が変わった、千春が本当にいいねと思ったことは何だと考えていますか？という質問ですが、今思えば、「あ～また千春さん指摘してる」と思って、僕がバン、バンって貼り替えてしまいました。

　実は、昨日まで『いいね』を貼ったときに、千春に「どんなところが良かったの？」と聞いたら、「壁がありません」とか「できてません」とか言っていたんです。でも、今日僕が「いいねだよ、いいところだよ」と言ったときに、千春は自信満々に「うん」とうなずいていたところを見ていて、「おっ、今日は違うぞ！何か違うぞ！」と思っていたんです。でも、『いいね』を床のないところに貼ったので、**自分が違うと感じて、本当は「進んだね」「ここまでできたね」と言いたかったのか、それは、ちょっと自分でもわからないんですけど…そうですよね…ちょっとむげに外してしまった**と思いました。

※授業者の新たな気づき（問題発見）

プロンプタ:Y・K
整理・確認
　みなさんの意見を聞いて、千春は『こうしたら良いよ』と指摘をしているわけではないこと、これまで、授業者も建物は四角だよなどと言ってきたこともあったから、千春は四角がいいと思って今日は四角のところに『いいね』を貼ったかもしれないということに、授業者はみなさんの意見を聴いて、改めて気づかれたのですよね？
※授業者の気づきを言語化し、確認する

授業者：Y・T
　気づきました。今、視点が三つ出てきたので、この三つを押さえていくというか確認していきたいと思います。
※授業者が自身の新たな気づきから改善策を発見

> ＜「学びあいの場」を通じた授業者の気づき＞
> 　千春にとっての『いいね』の解釈が三つあるということ。
> ①きれいな四角（緑の部分）がいいと思ったのではないか。
> ②『いいね』の意味がどの程度わかっているのか。
> 　上手とかきれいと思っているのか。

③緑の草の部分が残っているから、そこを床で埋めてほしいと思ったのか。

プロンプタ:Y・K
確認

『いいね』の意味や使い方を確認したいと思われたということですね？
※今後の方向性を確認する

授業者：Y・T

　そうですね。あと、四角がいいと思ってくれていたということは、今までの学習をしっかりと理解してくれていたということだと思います。
　床のないところに『いいね』を貼ってしまったことも、ただ否定して貼り直すのではなく、千春なりに表現しやすい手立てを用意するなり、こちらが踏み込んで千春の気持ちを表現できるようにもできたと思います。
※授業者自身が問題を整理

プロンプタ:Y・K
確認

　千春が、どうしていいと思ったのかを引き出せるような工夫をしたいと思われたということですね？

授業者：Y・T

　そうですね。

＜「学びあいの場」を通じた授業者の気づき＞
　千春は『いいね』という言葉の理解がまだできていないことに気がついた。私たちは生活の中で、「楽しそうでいいね」「美味しそうでいいね」「上手でいいね」などを使い分けており、それは誰にとっても当たり前だと思っていた。そういった大人の固定観念を子どもに押し付けていたことがわかった。

＜話題2＞夏夫の『いいね』を貼る基準について

プロンプタ:Y・K
転換

　夏夫は何を基準に『いいね』を貼っているのかということが話題になっていたようですが、それについてＡグループの報告者の先生、説明をしてください。

U・S

　夏夫は、最後の振り返りのときに他の友達の結果をよく見ていないように見えたので、友達が作ったものにはあまり興味がないのか、それとも、作業は楽しいが振り返りは興味がないのか、何を基準に『いいね』を貼っているのかという意見が出ました。夏夫はN先生に『いいね』を貼ってくださいとお願いしても、貼ってもらっているところを全然見ていなかったため、自分のものに対して『いいね』をどこに貼ってもらえたか興味がないのかもしれないという意見がありました。

第3章 実践事例

　それと関連して、夏夫は、千春の作った放牧地にも『いいね』を二つくらい貼りました。授業者に「どういうところが良かったの？」と聞かれ、「いいの？」と聞き返したり、「えーっ」と言ったりして、なぜかは言いませんでした。そのあと、授業者が「広く作ったのがいいの？」と言うと「広く作れた」と、授業者の言葉を受けて答えていたと思います。

　どうして自分から感想を言ったり、カードを貼ったりできなかったのか、自分の感想に合うカードがなくてどう伝えればよいかわからなかったのか、やっぱり興味がなかったのか、という意見が出ました。

プロンプタ:Y・K　聴く
　授業者自身は、夏夫にとっての『いいね』をどのように捉えていますか？

授業者:Y・T
　夏夫は、なかなか友達の作品や他の人からの『いいね』に対して興味が向いていなくて、まだ自分の世界にいるのかなと捉えています。**正直、僕もわからないんです。**

プロンプタ:Y・K　深める
　授業者は**普段から、夏夫がすぐに自分の世界に入ってしまい、他者の言っていることよりも、自分の興味ばかりであることを悩んでおられますが、観察者の先生方で夏夫の『いいね』に対する捉えがある方はいらっしゃいますか？**
　※夏夫に関する悩みの解決糸口を探り、掘り下げる

観察者:C
　夏夫は青色がすごく好きで、いつも青の『いいね』ばかりずっと貼っていましたが、今日は黄色の『いいね』を貼りました。バックの黄色がいいよという意味もあったのではないかと思いました。夏夫が色を変えたところを初めて見たので、何か意味があったのかな？と思いましたが、授業者はどう思いますか？

授業者:Y・T
　夏夫は確かに青が好きで、食堂も、家も青でした。ときどきカボチャ色を使うこともありますが、基本的には青を使っており、振り返りのときも青です。今日だけ黄色を使いました。そう思うと…そうですねぇ…その色がいいと思っているかもしれないですね…その色がいいと思っているんだけど、カードを正しく選ぶというところまでいけていないということがあるかもしれないですね。
　※授業者の新たな気づき（問題発見）

プロンプタ:Y・K　確認
　『いいね』ではなくて、その色について何か言いたかったのかもしれない、ということですね？
　※授業者の気づきを別の言葉で言い換えて確認する

授業者:Y・T
　それはあるかもしれません。

プロンプタ:Y・K　補足・深める
　いつも、授業者は、夏夫が何を考えているのか、どう思っているのかといった内言語を、**なかなか汲み取れないと悩んでおられますよね？**

※再度、夏夫の解釈について確認し、授業者自身の気づきを促す

授業者：Y・T　　どういうときに色を変えているのかとか、ちょっと、**色を気にしてみたいと思います。**

> **＜「学びあいの場」を通じた授業者の気づき＞**
>
> 　色については、「青」をはじめ、一部の色にこだわりがあることはわかっているが、まだ色を活用する支援は行っていない。相手によって、話を聞く、聞かないを選択するなど、まだ他者に対してそれほど興味がもてていないように思える。

＜話題3＞夏夫にとって「壁を作る」という意味合いについて

プロンプタ:Y・K
転換
　　では、同じ夏夫のことが、Cグループにも挙がっていますが、説明してもらえますか？

H・Y
　　夏夫は、壁を作ってねと声をかけられても、どうしても床を埋めようとしていました。壁を作るということがどんなことかわからなかったのではないかと思います。だけど、真っ直ぐだよと教えてもらって壁ができてきたときに、授業者が『これでピザが作れるね』と言うと、夏夫は素直に『やったー』と喜びました。**他者評価とか友達のコメントに興味をもっていないかもしれませんが、ピザを作りたいと思っていて、ピザを作れるという言葉に対してうれしい表情をしていました。夏夫の中では、まだ他者ではなくて、自分なのかなと思いました。**

　　授業者は、夏夫が『やったー』と喜んだ理由と壁を作るということをわかっているのかということについてどう思うか聴いてみたいという意見が出ました。

プロンプタ:Y・K
整理・深める
　　夏夫は「上手に作ったね」と言っただけでは、今一つピンときませんでしたが、授業者が「これでやっとピザ作れそうだね」と具体的に言ったときに「やったー」とうれしそうな反応があったということですが、このことについて授業者はどう思いますか？

　　また、**授業者は、なぜ「ピザ作れそうだね」と言われたのかも聴いてみたいという**ことでした。

授業者：Y・T
　　そうですね…壁を作ったらどんないいことがあるのかっていうことを、夏夫は理解できないのかなと思いました。

　　夏夫は、宿泊学習を誰よりも楽しんでおり、家に帰ってお母さんに「宿泊学習楽しかったー」と報告したみたいです。だから、最初に買い物をして楽しかった売店とピ

第3章 実践事例

ザ作りの写真を見てもらいました。そして意欲付けを図って、食堂を作れないかと考えたのです。

　確かに、「ピザ作れそうだね」と言ったときに「やったー」と言ったのを思い出しました。そうですね…今、聞いたら、壁作れ、壁作れではなくて、夏夫の興味のあるピザ作りのスペースから作り始めるとか…例えば、机とか、ピザを焼く窯とか、そういうものから作って、「これ、雨降ったらどうする？」などと言えば、もしかしたら必要と感じて壁ができたかもしれないと思いました。

　僕は、最初に空間を作ってから、中身を作ろうと思っていたので、そういう考えはなかったですね。
※授業者の新たな気づき⇒問題発見⇒改善策発見

プロンプタ：Y・K
確認

　夏夫にとっての壁を作る意味として、まず、夏夫がイメージしやすいものとか、興味のあるところを作ってからにすれば良かったと、H・Y先生の話を聞いて思ったということですね。
※授業者の気づきを言語化し共有する

授業者：Y・T

　はい。

プロンプタ：Y・K
補足・確認

　Y先生としては、宿泊学習で行った牧場、その牧場でピザ作りをした体験があるから、食堂をイメージしてくれるかなと、夏夫にとっての意味づけをしていたのだけれど、実際、夏夫にとっては…ということを今思われたということですか？
※授業者の思い、気づきをより具体的に確認する

授業者：Y・T

　そうです、そうです。夏夫にとっては、『壁作れ、壁作れ』と言われても、それがピザ作りをする部屋になるんだというところまではつながっていなかったのかなと思いました。
※授業者の新たな気づき（問題発見）

> **＜「学びあいの場」を通じた授業者の気づき＞**
> 　建物を作る際、建築を行うイメージから壁や天井を作ってから住居内の物品を整理することが当たり前だと思っていた。しかし、子どもたちにそのような固定観念はなく、大人の固定観念を押し付けていたことに気がついた。

58

事例1　**5授業者との聴きあい（全グループでのアクティブ・リスニング）**

＜話題4＞秋彦の様子とその気持ちについて

プロンプタ：Y・K
転換

秋彦のことは、二つのグループで話題になっていました。Bグループのほうからお願いします。

K・N

はい。千春が、秋彦の作品の床のない未完成なところに『いいね』を貼ったとき、秋彦は「えー」と言いました。千春は、『いいね』を貼った後、授業者に「どこがいいと思う？」と聞かれて、手がかりの『アドバイスカード』を選びに行きましたが、貼る場所がわからなくて、「えーどこだったっけ？」と言いました。それを聞いた秋彦が「えー」と言ったという場面がありました。

この事実を受けて、秋彦が「えー」と言ったのはなぜだろうかということについて話し合いました。秋彦は、千春のアドバイスを受け止めて丁寧に作っていた。仕上がらなかったことを残念に思っていたのに、そこを認められて驚いたのではないかという意見をもとに、「秋彦は中間報告で、千春からアドバイスされたことを受けて床を埋めようと頑張っていたが、仕上がらなくて残念に思っていた。それでタイマーが鳴っても秋彦は活動を終えられず、ずっと下を向いていた。けれども、千春に『いいね』を貼ってもらい、千春に認めてもらったことに驚いたのかな」という意見も出ていました。

プロンプタ：Y・K
深める

秋彦は、仕上がらなかったことを残念だと思っていたのに、千春がそこに『いいね』を貼ったから「あれっ？！いいの？」と思ったのではないかということですね。

Cグループでも同じ場面が話題になっていたようですが、どのような解釈が出ましたか？

H・Y

ちょっと似てるかもしれませんが、千春と秋彦のやり取りということで話題になりました。

秋彦は、あとちょっとで終わる、最後までやりたいという思いで、タイマーが鳴っても止められませんでした。それでも、自分から止めることができて、すごいと思いました。ただ、最後までやりたいという思いは、中間報告で『床、床、埋まってたらいい』という千春からのアドバイスを聞いて、秋彦は埋めたいと思っていたと思うんです。でも途中で時間が来てしまって、悔しくてその気持ちはなかなかコントロールできない様子でした。けれども、千春からのアドバイスでもあるし、千春からの『終わりだよ』という言葉もありました。

秋彦と千春は、互いに意識しあって活動していると思います。だから、秋彦も本当は、「まだやりたい」「止めたくない」という思いがあったかもしれないけど、止めることができたのではないかと思います。

そこで、黄ラベル9のように、秋彦と千春は、お互いに意識しあっているところが多くあったのに夏夫の話しているときには、なぜ、注意を向ける力が弱いのだろうか

第 3 章 実践事例

ということが気になりました。夏夫と秋彦はコミュニケーションが取れているかということを聴いてみたいと話をしました。

**プロンプタ：Y・K
深める**

授業者は、そもそもこの授業で友達同士の関わりができるようになってほしいということをおっしゃっていました。Ｃグループから、千春と秋彦の間にはお互い意識したり、受け入れたりすることができるようですが、夏夫と秋彦の間ではどうかという質問がありましたが、いかがですか？

授業者：Y・T

そうですね、千春と秋彦は、1、2年生の頃から仲良くしていて、休日にも親御さん同伴で映画を観に行ったりとか、一緒にファミリーレストランで食事をしたりとかして家族ぐるみで仲良くされている間柄です。秋彦は、他の友達には『触るなよー！』とすぐにカッとなったり、ダンスのときに僕たちの隙を見て、友達を棒で叩いたりとかしているのですが、千春にはそういうことはしないんです。むしろ、千春が『運んでください』とか言うと、『はい』と言って運んでいます。この二人は仲がいいなと思っています。

夏夫は、今年4月から転校してきたということもあり、この二人と関わる時間も少なかったので、そういった点で、関係性は少し薄いのかなと思うことはあります。これは、裏のテーマなのですが、秋彦は夏夫のことを結構嫌っていると思います。その理由は、夏夫が転校してきて間もない頃、秋彦が『夏夫さん、○○して』と話しかけても、夏夫は独り言ばかり言っていて、『夏夫さんが話を聞いてくれない！』と言っていました。秋彦は、夏夫と遊びたかったのに無視されたと思ったんですね。

そういうやり取りが何回かあってから、『あいつまた独り言言って！』と言ったり、キッズタイムのダンスのときに、棒で叩いたり、目を盗んで通せんぼをして通さないようにしたりするんですよね。
※授業者自身が背景を整理

授業者：Y・T

実は、二人の関係を改善したいなということもありました。夏夫には、ちゃんと秋彦の話を聞いたり、秋彦には、夏夫が自分の世界にいってしまうことを認めてあげたりしてほしいなと思っていましたが、あまりうまくできないところです。

さっきビデオを観ていたら、夏夫が映ったときに、「千春さん、見て」とか「千春さん、ぼく、出てるよ」とか声を掛けてあげているところがあったんです。活動ではないんですけどね。夏夫から千春に話し掛けている場面が見られて、ちょっとびっくりしました。千春もわりと夏夫に話し掛けている場面もあったので、これもきっかけにしたいと思いました。
※授業者の新たな気づき⇒改善策糸口発見

**プロンプタ：Y・K
整理・深める**

授業者が目指しておられる関わりという点では、この先、どうしていこうかと考える一つのヒントになったのかなと思います。

ＢグループのK・N先生から報告された、秋彦自身は残ってしまった、悔しいと思っ

事例1　**5授業者との聴きあい（全グループでのアクティブ・リスニング）**

ているところに千春が『いいね』を貼ってくれたことについては、どう思いますか？

授業者：Ｙ・Ｔ　僕の心が曲がっているのか…、千春が昨日まで指摘していたのは、全部秋彦に対してでした。『いいね』を壁のないところに貼って、「ちゃんと作ってください！」と言っていたので、僕の当初の捉えは、千春が何もないところに貼ったのを見て、秋彦は、また指摘をされると捉えて、「えー」と言ったのかなと思っていました…。

　ちょっとわからないです。今の意見を聴いて、なるほどとも思ったので、もし、千春が指摘ではない意味であそこ（床のないところ）に貼ったのだとしたら、秋彦に（千春から）評価されたのだということをしっかりと伝わるようにしなければならないと思いました。

※**新たな気づき⇒改善策糸口発見**

＜「学びあいの場」を通じた授業者の気づき＞

　秋彦が活動終了時に下を向いていたのは、スマートスピーカーのタイマーをうまく止められなかったからではないかと考えていた。（最後のタイマーは秋彦の声には反応せず、自分（授業者）が止めたため）以前は、タイマーがうまく止まってくれず、泣いて活動できなかったこともあった。

　しかし、Ｂグループの報告者Ｋ・Ｎの解釈は、今まで本当にまったく考えていなかったことだったため驚いた。実際の秋彦の気持ちはどうかわからないが、このような解釈は自分にとって新鮮であり、大切にしたいと思った。

第 3 章 実践事例

6 全体の振り返り（協同学習リフレクション）

U・S教諭

　夏夫は壁を作りながら、何と思っているのだろうと思っていました。しかしCグループのA・Y先生のラベルを見て、あ、そうか！自分たちは、どうしても建物を作るとき、壁を先に作って中を作ろうと考えますが、子どもにとってのわかりやすさ、意味のわかる説明、子どもがどう考えるかということをもっと柔軟に考えなければと思いました。アクティブ・リスニングの途中にプロンプタや授業者の先生が、「気づいて良かった」と何度も言っているのを聴いて、複数の目で授業や子どもを観ることは、授業者にとって、思いもよらない解釈に出会うとても良い機会なのだと改めて思いました。

K・H教諭

　自分が授業者のときは、余裕がないかもしれませんが、参観者として子どもの目線に立つことで、教師の目線では気づかないことに気づくことができるのかなと思いました。千春の『いいね』の解釈については、ふっと見たときに気がつきました。それから、千春が「四角、四角」と言っていたことも気になっていました。昨年度の千春を知っているから、「あっ、こんなに上手に四角が書けるんだ」と思いました。

I・Y教諭

　夏夫は、ただただ作っているのが楽しくて、友達からの『いいね』にはあまり興味がないのだなと思いました。子どもにとっての『いいね』について、いろんな解釈やいろんな見方があるということ、それは、いろんな先生の見方があってこそ気づくものだと思いました。

7 授業者の振り返り（「学びあいの場」における気づき）

　日々の関わりの中で当たり前だと思っていることが、実は自分の決めつけの場合があるということ、そして、それが原因で子どもとのコミュニケーションにずれが生じていたことに気づきました。

　私は普段から、知人の SNS 投稿に『いいね』を気軽に送っています。食べ物に対しては「美味しそう」という意味の『いいね』を、行楽地で過ごしている姿には「楽しそう」という意味の『いいね』などと、場面に合わせて意味合いを使い分けています。この無意識で行っている『いいね』の「使い分け」を、子どもたちもできるだろうと当たり前のように考えていたのです。

　また、食堂を作るには、まず建物の枠組みである壁を最初に作ってから中の物を作るというのは自分の固定観念であり、夏夫にとってはピザの生地を伸ばすための机やピザを焼くかまどから作り始めた方が食堂をイメージしやすいのかもしれないと気づきました。

　「学びあいの場」で同僚の解釈を聴いたことで、自分の勝手な「思い込み」や「決めつけ」を子どもに当てはめようとしていたということに気づくことができました。

第3章 実践事例

8 「学びあいの場」後の授業改善と子どもの変容

　私は、千春が『いいね』の意味が理解できていると決めつけていたので、改めて『いいね』の意味を確認する機会を設けました。『いいね』とは、普段、称賛の際によく使用している『素敵だね』と同じ意味であることを確認しました。また、指摘ではなく、本当に称賛している可能性があることがわかったため、一方的に決めつけず、子どもの言葉を待つことを心掛けるようにしました。

　千春は、夏夫の作品に対して、建物のドアに『いいね』を貼り、自ら「（建物の）中が上手だった」と、今まで言ったことのない称賛の言葉を言うことができました。秋彦の作品に対しては、屋根と塀の間に『いいね』を貼りました。授業者の「どういうところが良かったですか？」の問いには答えられませんでしたが、授業者が「屋根の材料？　塀の色が違うところ？　真っ直ぐ作れているところ？」と尋ねると、「まっすぐ」と選択肢の中から選んで答えることができました。

　改めて、千春にはしっかりとした思いがあることを実感するとともに、子ども自身が自分の思いを表現できるよう支援の方法を工夫する必要があると思いました。

　また、夏夫には、食堂の建物を作ることではなく、夏夫がイメージしやすいピザを作るための机と、実際にお土産を買った食堂の中のお土産コーナーを作ることを提案してみました。そこで初めて夏夫の中で、「あのピザを作った食堂を作るのだ」と理解できたのか、それまでボコボコにしていた食堂の床をきれいな面にし、そこに机を配置する姿が見られました。私がかまどや本棚もあったことを伝えると、夏夫はかまどと本棚をきれいに並べました。その後に壁を作るように促すと、宿泊学習でピザ作りを体験した食堂をしっかりとイメージできたのか、どんどん壁を積み始めることができました。

　自分が固定観念にとらわれていないか、子どもにわかりやすい説明やイメージしやすいものはどんなことかなどを柔軟に考える必要があると思いました。

　今後は「学びあいの場」における同僚との対話を通じて気づいたことを生かし、何事も当たり前だと考えずに子どもたちの支援にあたりたいと思いました。

事例2 「子どもの見方」の気づきによる、関わり方の変容

授業者：U・S

＜授業（国語科）の要旨＞
（国語科）
　小学部1年生3名が、物語を読み取り、その登場人物（くま、うさぎ）の気持ちを考え、気持ちを表す言葉のカード（気持ちカード）を貼る授業。

＜協同的な学びの要旨＞
　授業者は、対象児3名は「嬉しい」「悲しい」などの気持ちを表す言葉の意味をある程度理解していると捉えていました。しかし、授業では登場人物の気持ちカードを正しく選べず、友達の反応を見て貼り替えているように伺える子どもや、友達からの意見を素直に受け入れられない子どもの姿が見られました。
　同僚参観者からは「挿絵を手掛かりに気持ちカードを選んでいるのではないか」「ストーリーが簡単な前半は読み取れているようだが、ストーリーが複雑になってくる後半部分は読み取れていないのではないか」など、授業者が考えてもみなかった「子どもの見方」が聴かれました。
　プロンプタは、まずはどのグループにも共通して挙がっている、子どもの「気持ちカードの選び方」や「気持ちを表す言葉の違いの理解」「3人の子どもの関係性」について取り上げることで子どもの実態に迫れるのではないかと考えました。そしてプロンプタはなるべく具体的な場面に掘り下げて聞くようにし、「絵のどの部分を見てのことなのか」「友達のどの言葉がきっかけでカードを貼り替えたのか」など、子どもの思考について話し合うようにしました。また、3人のやりとりについても、友達の行動を見ているときの様子や、その後の行動から、気持ちを推測し、子どもの思いに近づくようにしました。
　授業者は同僚参観者との"聴きあい"を通じて、「自分の気持ちはわかっても登場人物の気持ちになると理解度が異なるかもしれない」「すぐに正誤を判定するのではなく、『〜と思ったんだね』と一旦、子どもの考えを受け止めるように心掛けよう」など、たくさんの子どもの姿と新たな解釈の気づきがあった事例です。

第 3 章 **実践事例**

1 事前の解説（ブリーフィング）

＜授業名＞	国語科「どんなきもちかな？」
＜対象児童＞	小学部 1 年（黄太、桃子、朱実）
＜授業者＞	U・S
＜本時／全体＞	9／12

（1）単元について

　「うれしい」「悲しい」などの気持ちを表す言葉を学習し、「〇〇ができてうれしかった」「〇〇されて悲しかった」などと体験したことを話す姿が増えることを目指します。

①題材

　子どもに馴染みのあるくまとうさぎが登場人物であり、様々な感情が登場していることから、絵本『いつもいっしょに』（こんのひとみ作　いもとようこ絵）を題材に選びました。あらすじは以下の通りです。なお、①〜⑮は授業で設定したページ番号です。

一人ぼっちのくまの家にうさぎがやって来た。	①②
くまがごはんを作ってあげたり、うさぎと一緒に眠ったりと、楽しい日々を過ごした。	③④⑤⑥
しかし、うさぎはいつも黙っていて、くまはつまらなくなってきた。	⑦⑧
ある日、くまがうさぎに「何か言ってよ。」と大声で怒るとうさぎは泣き出した。	⑨⑩
うさぎは次の日、家からいなくなってしまった。	⑪
くまは一人ぼっちになってしまい、後悔して泣き出した。	⑫⑬
うさぎがいなくなったのは夢で、くまが目を覚ますと隣にはうさぎがいた。	⑭
くまは泣いてうさぎを抱きしめた。	⑮

②目標

- ・絵本の登場人物の気持ちを考えて「うれしい」「悲しい」などの「気持ちカード」を選ぶことができる。
- ・選んだ「気持ちカード」を声に出して読んだり、選んだ理由を簡単な言葉で述べたりすることができる。
- ・「うれしい」「悲しい」などの気持ちを表す言葉を、手本を見て平仮名カードを並べて作っ

たり、平仮名で書いたりすることができる。

③学習の展開

第一次 （3時間）	〈お話を聞こう　絵本を見よう〉 ・大型絵本「いつもいっしょに」を教師が読むのを聞く。 ・登場人物は誰か、何をしているかを答える。
第二次 （3時間）	〈くまとうさぎはどんな気持ちかな？〉 ・くまとうさぎのページごとの気持ちとして思いつく言葉を、挿絵の表情や教師の読み聞かせを手掛かりに挙げる。 ・「気持ちカード」（写真3-13）を見て、どのような気持ちの言葉があるか知る。
第三次 （3時間） ※「学びあいの場」 3／3時間目	〈3人で絵本を完成させよう〉 ・くま係、うさぎ係、（先生の）お手伝い係を一人ずつ担当する。（写真3-14） ・お手伝い係は絵本をめくって「カードを貼りましょう」とくま係とうさぎ係に声を掛ける。 ・くま係とうさぎ係は、くまとうさぎの気持ちをページごとに考え、気持ちカードを選んで絵本に貼る。 ・3人で最後まで進める。 ・くま係とうさぎ係が選んだカードを全員で読む。 ・くま係とうさぎ係は選んだ理由を答える。 ・係以外の子どもも意見があれば発表する。 ・くま係とうさぎ係はカードを変更してもよい。
第四次 （3時間）	〈気持ちを表す言葉を書こう〉 ・「気持ちカード」の単語を平仮名カードを組み合わせて作ったり、平仮名で書いたりする。

写真3-13：
「気持ちカード」

写真3-14：
「担当児童が首から提げる係カード」

（2）子どもの実態及び授業者の思い

　平仮名の読みの実態、日常会話の中での気持ちを表す言葉の使用状況、「学びあいの場」当日までの学習の様子、授業中の友達との関わり方の課題を以下のように捉えています。

①子どもの実態

黄太	・平仮名を声に出して読むことが概ねできる。 ・「○○君いないから寂しい」「○○やって楽しかった」などと自分の気持ちを理由とあわせて簡単な文で話すことができる。 ・話の内容に合った「気持ちカード」を概ね選ぶことができる。 ・「気持ちカード」を選んだ理由を「くまに怒られたから」や「うさぎが来たから」などと話の内容に基づいて答えることが概ねできる。 ・友達の話を聞く場面で「違うよ」などとしゃべり出してしまうことがある。
桃子	・平仮名を声に出して読むことが概ねできる。自信がないときは不明瞭になる。 ・「おいしい」「やったー」「これ嫌い」などと単語や簡単な文で自分の気持ちを話すことができる。 ・話の内容に合った「気持ちカード」を概ね選ぶことができる。 ・選んだ理由を聞かれると「うれしいから」「悲しいから」などと答えるが、黙ってしまうこともある。 ・教師の説明や友達の発表を聞くときは、退屈に感じて大声を出したり、ふざけて教師の質問に答えようとしなかったりする。朱実のふざける様子を見てわざと真似をすることがある。
朱実	・名前に使われている文字などの見慣れた平仮名は声に出して読むことができる。「気持ちカード」の平仮名は正確には読めない。 ・「○○してドキドキしたよ」「○○やって楽しかった」などと自分の行動とそのときの気持ちとをあわせて文で話すことができる。 ・ページ①を見て「お母さんもお父さんもいなくて、一人ぼっちで寂しい」と考えを述べることができた。 ・印象に残っている場面（ページ①⑨など）は話の内容に合った「気持ちカード」を選ぶことができる。話の内容よりも絵から推測して「気持ちカード」を選ぶことが多い。絵本の世界と自分の世界を混同させていることが多い。友達が選ぶ「気持ちカード」を見て真似をすることがある。単純に同じ「気持ちカード」を貼り続けることもある。 ・カードを選んだ理由を聞かれても、「わからない」と言ったり自分の体験を混同させて言ったりすることが多い。 ・教師の説明や友達の発表を聞くときは、退屈に感じて寝ようとしたり、ふざけて教師の質問に答えようとしなかったりする。

②授業者の思い

　黄太：「僕はこうだと思う。〇〇だから」と友達にわかりやすく伝えることで、自分の考
　　　　えをまとめることができるようになってほしい。

　桃子：「気持ちカード」を選んだ理由を黄太の真似をしながら答えることができるように
　　　　なってほしい。

　朱実：黄太や桃子の真似をしながら、気持ちカードの単語を正しく読むことができるよう
　　　　になってほしい。

　以上のように子ども同士で関わり合いながら学びを深めてほしいと考えています。しかし、
桃子や朱実には下線部のような態度が頻繁に見られます。まだ友達の発表には興味をもてず、
友達の発表を集中して聞くことや、子ども同士で関わりながら学ぶということは難しいのだ
ろうか、と考えています。

2 公開授業

写真3-15：
黄太が進行をし、桃子がうさぎ、朱実がくまの気持ちカードを貼る様子

写真3-16：
授業者が、子どもにうさぎとくまの気持ちを確認する様子

3 振り返り（授業リフレクション）

授業者による振り返り

　小1の3名は、いつも通りの様子でした。桃子がくま係としてカードを選んでいましたが、後からお手伝い係の黄太が「僕はこっちだと思う」と変えたのを見て、「私も」と友達の意見を受けてカードを変えるという良い場面もいくつか見られました。

　桃子と朱実が授業の途中で姿勢が崩れたり、やる気がなさそうにしたりする場面があったのですが、それはよくある姿です。いつもは私とやりとりをしながら戻ってくるのを待っているのですが、今日は、少し戻ってくるのが遅かったり、崩れることが多かったりしたと思いました。

　私が捉えた2人が崩れた理由についてです。黄太が「ここが違うな」と思うページに付箋を貼る活動がありました。これは今日初めて行った活動でした。桃子にとっては自分のことが違うと言われたり、付箋を貼られたりしたことで「何で！」という気持ちになり、崩れたのではないかと私は思いました。また朱実は、うさぎ係としてうさぎの気持ちカードを貼る活動には意欲的に取り組みますが、発表や、友達の意見を聞くという活動はあまり得意ではなく、苦手な場面になったことで崩れたのではないかと思いました。黄太が付箋を貼っているときや、友達の話を聞いているときの女子2人の様子を中心に先生方の捉えを教えていただきたいと思いました。

　朱実は、私の質問に答えようとしなかったり、眠そうにする場面がありました。また、朱実自身や桃子が貼った「うれしい」というカードに対して、「うれしくない」と何度も言っていました。これはふざけているのか、本当に自分が貼ったカードに対して何か間違っていると思ったのか、何か意図があったのかということが、わかりませんでした。

4 ラベルコミュニケーション（事実と解釈）

写真3-17：
参観者がラベルコミュニケーションをする様子

（1）Aグループ（4名：小学部教諭2、中学部教諭1、高等部教諭1）

最後の「くまが泣いてうさぎを抱きしめた」ときのくまの気持ちに関する桃子や朱実の理解について聴きあう場面

（青ラベル2）＜事実＞
（くまの気持ちについて）
桃子の「悲しい」が貼ってあった。
朱実：「悲しくない」「悲しい　いやだ！」うずくまる。
黄太：「びっくり」だと提案。
教師：「悲しい」を選んだ理由を問う。
桃子：「ママいないから」
黄太：「うさぎいたから」
桃子：「びっくり」に貼り替えた。
朱実：「びっくり」と言った。　K・M

（赤ラベル2）＜解釈＞
桃子はどの場面のことかを、どれくらい把握して話しているのだろう？
黄太の「うさぎいたから」を聞いてイメージし直したのだろうか？　K・M

ラベル2についてK・M先生からお願いします。

進行：H・Y

事例2　**4 ラベルコミュニケーション（事実と解釈）**

K・M

　U・S先生が理由を聞くと、黄太は、「うさぎいたから」と答えて、そしたら桃子は「びっくり」に貼り替えました。朱実はそのまま「いやだ！」と言ったのに、順番に言わせたときには前の人が言っていたのを聞いていて、「びっくり」と言えていたなと思いました。
　桃子は、最後の場面で「悲しい」を選んでおり、「ママがいないから」と言ったときに、全体のストーリーの中でどの場面のことかをどの程度までわかっているのかなと疑問に思いました。
　ページごとに確認していましたが、桃子は下を向いている時間が長く、「ここはどう？」と話が進んでいく中で、どれくらいわかっているのかと思っていました。貼り直したのは、黄太が「うさぎいたから」と言ったのを聞いて「あ、うさぎいたな」と思って、場面をイメージし直して貼ったのかなと思います。

Y・K

　私も同じ場面を書いているので、話してもいいですか？

進行：H・Y

　はい。ラベル3についてお願いします。

第 3 章 実践事例

（青ラベル3）＜事実＞
桃子は「悲しい」を貼った。
教師：「どうして？」
桃子：「ママいないから」
教師：「くまさん、ママいないから…なるほど…黄太君、もう1回言ってください」
黄太：「うさぎいたから」
教師：「黄太君はうさぎがいたからびっくりじゃないかと言ってるけど…」
桃子：「悲しい」を外して、「びっくり」に貼り替えた。　　Y・K

（赤ラベル3）＜解釈＞
桃子は物語を自分で読み取って気持ちを考えるのはまだ難しく、挿絵や友達の気持ちカードを手掛かりに選んでいるのではないか？　　Y・K

Y・K

　桃子は、最初は直したくない気分で、答えたくないと思っているようでした。しかし、黄太が2回「うさぎいたから」と言ったのを聞いて、やっと気持ちカードを貼り替えたということがありました。
　お料理を食べて美味しいなどの気持ちはわかると思います。しかし、最後の場面のように、うさぎがいなくなったと思ったら実はそれが夢で実はうさぎはいたというような複雑なストーリーになると、自分で読み取り、気持ちを考えることが難しいのではないかと思います。そういうときは絵本の挿絵とか友達は何を選んでいるかを手掛かりにして貼ってるのではないかと解釈しました。

絵本のストーリーの理解について、前半と後半の難易度と手掛かりとしての挿絵の役割について聴きあう様子

（青ラベル4）＜事実＞
絵本の前半、黄太はうさぎの気持ちカードをスッスッと貼っていた。桃子は朱実と同じ気持ちカードを貼っていた。
後半、うさぎの気持ちがわかりやすい場面では、2人の気持ちカードが異なっていた。　　　H・Y

（赤ラベル4）＜解釈＞
物語の前半は気持ちがわかりにくかったのだろうか？
後半はわかりやすかったのだろうか？
　　　　　　　　　　　　　H・Y

進行：H・Y

（青ラベルを読む）前半のくまさんが怒る前までの気持ちと怒ったところで、桃子はまだ自分で気持ちを選ぶことが難しいのではないかと感じました。絵本の前半は、朱実のほうが、スッスッと貼っていて、桃子は朱実とまったく同じ気持ちを後から追うように貼っていたので、これは本当に桃子の気持ちなのかなと思っていました。そして、くまさんが怒る場面から2人の気持ちは異なってきました。その場面から絵を見てわかりやすいため、桃子は自分で「気持ちカード」を選んだのだと思いました。
　その事実から私の解釈は、（赤ラベルを読む）前半の物語は絵を見てもわかりにくいため友達のを見たのではないか、怒った表情はわかりやすい表情だったから選べたのではないかと。だからまだ絵を手掛かりにして選んでいる段階なのかなと思いました。

後半の挿絵の表情がわかりやすいということですか？

T・Y

第3章 実践事例

進行：H・Y

　そうですね。（挿絵の）表情がわかりやすくて、（気持ちカードを）貼りやすかったのではないかということです。夢の世界か、現実の世界かという判断は難しいのだろうなと。だから私も挿絵を見ていたのかなと思って見ていました。

進行：H・Y

　ブリーフィングシートでは朱実が真似をして同じカードを貼るとありましたが、今日は桃子も真似をして貼っていましたよね。

Y・K

　私は、この「後半の絵の方が表情がわかりやすいのでは」という考えが「なるほどね」とすごく思いました。前半は「1人で寂しい」とか、「うさぎが来たから、2人になったから楽しい」「一緒にご飯を食べられるから嬉しい」など、ストーリーはわかりやすいのですが、絵の表情の違いがわかりにくいですよね。後半は絵がわかりやすいのかなと思います。

K・M

　目がはっきりしてきますもんね。

Y・K

　そうそう。後半になってくると夢の中のことになってくる。うさぎが出ていったのは夢で、現実にはうさぎはいなくなっていなかったという話。そうなってくると複雑で、朱実と桃子には話の展開がわからないのでは？と想像するのです。前半は絵を手掛かりに怒った顔だから

> 怒っているなど、わかりやすいのではないでしょうか。

朱実の「気持ちの言葉」の理解について聴きあう場面

> （青ラベル1）＜事実＞
> 朱実は「こわい」のカードを読むように言われて「こわくない」と言った。
> 　　　　　　　　　　　　T・Y

> （赤ラベル1）＜解釈＞
> 朱実はうさぎの気持ちではなくて、自分の気持ちを想像して言ったのではないか。
> 　　　　　　　　　　　　T・Y

T・Y

> 　特に今、怖いわけではないし、うれしくない気持ちだから、あくまでもうれしくないと言い張った。朱実の性格がわからないのですが、そもそも何を聞かれているのか、くまの気持ちを聞かれていることに朱実はどこまでわかっていたのかなと思いました。その問われていることがわかっているのか、わかっていないのかどうかが疑問です。

Y・K

> 　私はその場面をどのように捉えたかというと、自分が貼った「気持ちカード」と違うことを黄太が言っていて、多分、黄太が正しいだろうというときに、例えば、「さみしい」のカードを貼っていたのに、黄太が「ここはうれしいだよ」と言ったら「うれしくない、うれしくない」と言って、自分の選んだ気持ちが違ってないよって言いたいのかなと思って見ていました。

第3章 実践事例

K・M

「うれしくない」って表現するけど、「うれしい」ではないっていう意見かもしれないなと思いました。「悲しい」「悲しくない」ではなくて、私は「悲しい」だとは思っていないということを表すつたない言語かなとか。極端に顔を押さえて泣き真似をしてみたりもしていたから、どこまでどうなのかちょっとわかりません。

Y・K

どのカードがふさわしいか、ストーリーがよくわからなくて、判断しにくかったかな…。

進行：H・Y

確かに自分たち参観者もストーリーをわかっていなかったなというのがあったと思いますが…。今、一応4枚のラベルをすべて読みました。今度は、同じようなラベルを分けたり、見出しを付けたりしますね。

アクティブ・リスニングに向けて、授業者がどのように解釈していたか、聴いてみたいことを整理する場面

進行：H・Y

なぜ、桃子はその気持ちカードを選んだのか？ 挿絵を手本にしているのか、朱実を手掛かりにしているのか。そこのラベルのタイトルを考えましょう。

Y・K

どうして桃子は「悲しい」を貼り替えたのでしょうか？ 桃子は、「何で「悲しい」だと思ったの？」と聞かれて「ママいないから」と言いました。黄太は「うさぎいたから」

事例2　4 ラベルコミュニケーション（事実と解釈）

> と言いました。
> 　授業者が「黄太もう1回言ってくれますか」と言ったら、黄太が「うさぎいたから」と自分が「びっくり」を貼った理由を繰り返し答えました。そして授業者が「黄太はうさぎがいたからびっくりじゃないかと言っているけれど」と言ったら、桃子はススススっと（前に）行って「悲しい」（のカード）を外して「びっくり」に貼り替えました。うーん、桃子は、何を手掛かりに貼り替えたのでしょうか。

> 促されたからなのか、「うさぎいた、あーなるほど」と思ったからなのか…。

K・M

> 何回か言われてだからね…どこかで、「あーそうか！」って桃子が思ったのか…あるいは、授業者が何回も「黄太もう1回言って」と言っているから、黄太が正しいと思ったのでしょうか。

Y・K

進行：H・Y

> タイトルは、「桃子はなぜ、『悲しい』から『びっくり』に貼り替えたのだろうか？」でいいですか？　それは黄太が言ったのを聞いてなのか、友達が貼り替えたのを見てなのか、授業者からの声掛けなのか。

> 黄太の理由を聞いて自分もそうだなと思ったからなのか。

Y・K

79

第3章 実践事例

進行：H・Y

わからないから、授業者の解釈を聴いてみましょう。

1つ目のタイトルが決定し、次のタイトルを考える場面

今度は朱実について。

Y・K

「うれしくない！」「やだ！」の場面。

K・M

何回も繰り返していましたね。

T・Y

　朱実は「怒ってる」を貼りました。「うさぎはどんな気持ちだった？」と授業者が聞いたら、朱実は「寂しい」を貼って、「お母さんがいないから」と言いました。そして黄太が「怖い」、朱実は「怖くない」、桃子は「怖い」を貼りました。「何で怖いの？」と授業者が聞いたら、黄太が「くまが怒ってるから」、朱実も「くまが怒ってるから」と言いながら上履きの裏を触っていました。そして「どっちだと思う？」と授業者が聞いたら、桃子が「怖い」、授業者が「桃子と黄太が怖いと言いました。そういう意見もあります」と言って終わりました。

Y・K

　朱実は、「寂しい」を貼ったけれど、その後、授業者に貼り替えられたといういきさつもありますしね。

K・M

事例2　4 ラベルコミュニケーション（事実と解釈）

貼り替えられることにすごい抵抗がありました。

T・Y

でも最後は、「何で怖いの？」と授業者が言ったとき、黄太が「くまが怒ってるから」と言ったら、もう1回朱実も「くまが怒ってるから」と言っています。黄太の言っていることに同意しているのだと思います。

Y・K

朱実は何も言わないでうつむいていました。そして上履きの裏を触っていました。どんなときか一概には言えませんが、私の捉えでは、まだ自分の気持ちがすっきり収まらないときに触るようなイメージがあります。

Y・K

進行：H・Y

貫きたいとか、認めたくないというのは、私たちの解釈ですが、どのように（授業者に）聴けばいいですか？

私たちがこのように捉えた根拠として、違う場面のエピソードを探してみますか？（しばらく、絵本を見ながらエピソードを探している）

Y・K

解釈はいろいろあっていい気がしますね。

K・M

81

> 難しいですね。朱実は、寂しいとか悲しいとかびっくりの違いは、どの程度わかっているのですかね。難しくないですか。

T・Y

> これを黄色のラベルに書いておいたらどうかな。「朱実は、寂しい、悲しい、怖いの違いをどの程度わかるのか」

Y・K

> なるほど！

T・Y

> 朱実もわかったうえで、怒られたときの気持ちとして選んでいるかもしれませんよね。

K・M

> そうですね…あるいは、くまが怒っているということは絵を見たらわかるから、黄太が「くまが怒っているから」と言ったことには、同意して…うさぎが寂しいのか怖いなのかは、ちょっとわからないままですからね。

Y・K

> 「怖い」というのには、怒られて怖いもあれば、お化けがいて怖いもあれば、いろんなパターンの「怖い」がある。朱実の思っている「怖い」がどの種類なのか…。

K・M

場面によって違いますよね。

T・Y

　このときに、桃子も最後にもう1回「怖い」と言っていた。そしたら、授業者は「桃子と黄太は「怖い」だと言いました。そういう意見もあります」と言って終わっている。だから、授業者に聴くとしたら、何を聴けばいいでしょうか？

Y・K

進行：H・Y

　この場面はどんな気持ちだと授業者は考えていたかも聴いてみたいですね。朱実はうさぎの気持ちをどんなふうに捉えていたのか。

　授業者が、どっちだと結論付けなかったのはどうしてかを聴いてみましょうか？

Y・K

　それは気になりますね～。

T・Y

第 3 章 実践事例

＜ラベルコミュニケーションで完成したＡグループの図解＞

朱実は、どの程度「こわい」と「びっくり」の違いを理解している？

なぜ、桃子は「悲しい」から「びっくり」に貼り替えたのか？

（青ラベル1）＜事実＞
朱実は「こわい」のカードを読むように言われて「こわくない」と言った。
　　　　　　　　　　　　　　　Ｔ・Ｙ

（赤ラベル1）＜解釈＞
朱実はうさぎの気持ちではなくて、自分の気持ちを想像して言ったのではないか。　　　　　　　　　　　Ｔ・Ｙ

（黄ラベル1－1）
朱実は「さみしい」「こわい」「びっくり」などの意味の違いをどの程度わかっているのだろうか？

（黄ラベル1－2）
自分が貼った「気持ちカード」が間違っていることを認めたくないのでは？
自分の思いを貫きたいのか？

（青ラベル2）＜事実＞
（くまの気持ちについて）
桃子の「悲しい」が貼ってあった。
朱実：「悲しくない」「悲しい　いやだ！」うずくまる。
黄太：「びっくり」だと提案。
教師：「悲しい」を選んだ理由を問う。
桃子：「ママいないから」
黄太：「うさぎいたから」
桃子：「びっくり」に貼り替えた。
朱実：「びっくり」と言った。　Ｋ・Ｍ

（赤ラベル2）＜解釈＞
桃子はどの場面のことかを、どれくらい把握して話しているのだろう？
黄太の「うさぎいたから」を聞いてイメージし直したのだろうか？　Ｋ・Ｍ

84

（青ラベル3）＜事実＞
桃子は「悲しい」を貼った。
教師：「どうして？」
桃子：「ママいないから」
教師：「くまさん、ママいないから…
　　　なるほど…黄太君、もう1回
　　　言ってください」
黄太：「うさぎいたから」
教師：「黄太君はうさぎがいたから
　　　びっくりじゃないかと言ってる
　　　けど…」
桃子：「悲しい」を外して、「びっくり」
　　　に貼り替えた。　　　　Y・K

（青ラベル4）＜事実＞
絵本の前半、黄太はうさぎの気持ち
カードをスッスッと貼っていた。桃子
は朱実と同じ気持ちカードを貼ってい
た。
後半、うさぎの気持ちがわかりやすい
場面では、2人の気持ちカードが異
なっていた。　　　　　　　H・Y

（赤ラベル3）＜解釈＞
桃子は物語を自分で読み取って気持ち
を考えるのはまだ難しく、挿絵や友達
の気持ちカードを手掛かりに選んでい
るのではないか？　　　　　Y・K

（赤ラベル4）＜解釈＞
物語の前半は気持ちがわかりにくかっ
たのだろうか？
後半はわかりやすかったのだろうか？
　　　　　　　　　　　　　H・Y

＜ラベルコミュニケーションで完成したＢグループの図解＞
桃子、朱実は、「悲しい」「どきどき」「びっくり」の意味をどうやって選んでいる？

（青ラベル5）＜事実＞
くまがうさぎにスープを渡す場面で、朱実はくまの気持ちに「どきどき」を貼った。桃子は「どきどきしない」と言い、くまの気持ちを「おいしい」に替えた。黄太がくまに「おいしい」、うさぎに「うれしい」を貼ると桃子はくまの気持ちを「うれしい」に替えた。
H・H

（青ラベル6）＜事実＞
くま、うさぎに「どきどき」が貼ってあったが、黄太は自分の意見を言いたいと伝え、うさぎの「どきどき」を外して「うれしい」に貼り替えた。桃子は、くまの「どきどき」の上方に「うれしい」をのせた。
T・Y

（赤ラベル5）＜解釈＞
桃子が二度も気持ちカードを替えたのはどうしてだろう？　黄太の発表を聞いたからか？　でも黄太が「うれしい」を貼ったのはうさぎの気持ちだった。
H・H

（赤ラベル6）＜解釈＞
桃子は黄太の意見に「うるさいな」と言いながらも黄太が意見しているときはしっかり前を見ていた。何だかんだ言いながらも黄太の意見を手掛かりにしているような気がするがどうか。
T・Y

なぜ、桃子は「悲しい」から「びっくり」に貼り替えたのか？

朱実の活動の仕方は？

（青ラベル7）＜事実＞
桃子はくまとうさぎが抱き合う場面でくまの気持ちについて「悲しい」を貼った。その後の振り返りで黄太の「びっくり」と「うさぎがいたから」という理由に対して「やだ！」と言い、「悲しい」「ママがいないから」と理由を話した。　　　　　　　　T・S

（青ラベル8）＜事実＞
朱実は発表中は、姿勢が崩れていない。進行役のときもテキパキしていた。
　　　　　　　　　　　　　　I・Y

（赤ラベル8）＜解釈＞
朱実は前に出て、皆から注目される場面は意欲的になれるのか？　お手伝い係のときはどうだったか？　　　I・Y

（赤ラベル7）＜解釈＞
桃子が「悲しい」を貼った理由は、「ママがいないから」なのか？　黄太の発言が影響したと考えられるか？　「悲しい」を選んだ理由は他にあるか？
　　　　　　　　　　　　　　T・S

（黄ラベル8）
ほめられたい？
注目されたい？

（黄ラベル7－1）
桃子は朱実が選んでいるのを見て、朱実の決めたものと同じものを選んでいた。
くまのときは良く見て選んでいた。⇒文の理解よりは、絵を自分の生活や経験と結び付けて「さみしい」「悲しい」と選んでいると思ったがどうでしょうか？

（黄ラベル7－2）
桃子は全体を通して「たのしい」「うれしい」よりも、「どきどき」「さみしい」「こわい」をより多く選んでいる。「何となく…」うまく言葉では表せないけれど選んでいるように感じる。

（黄ラベル7－3）
教師：どうして「さみしい」「悲しい」の？
桃子：「パパ、ママがいないから」
朱実：「パパ、ママがいないから」

第3章 実践事例

<ラベルコミュニケーションで完成したＣグループの図解>

朱実は、なぜ「さみしい」を貼ったのか？

桃子は、なぜ「おいしい」に貼り替えた理由を「うさぎが見ているから」と言ったのか？

（青ラベル9）＜事実＞
朱実：うさぎの気持ちカード「さみしい」を貼る。Ｕ・Ｓ先生（授業者）に「何で？」と聞かれ、「うさぎのお母さんいないから、だからおうち来た」と言った。　　　　　　　　Ｔ・Ｒ

（青ラベル10）＜事実＞
くまがうさぎにスープを持っていく場面で、桃子は、気持ちカードを「どきどき」から「おいしい」に替えた後、「うさぎが見てるから」と言った。
朱実は「おいしくない、わからない」と言った。　　　　　　　　　　Ｈ・Ｋ

（赤ラベル9）＜解釈＞
桃子の発言を受けて言ったのか？　なぜ、「さみしい」なのか？　　　Ｔ・Ｒ

（赤ラベル10）＜解釈＞
桃子が「おいしい」に貼り替えたのはうさぎが見てるからと答えていたが、なぜ、替えたと思いますか？　朱実が「おいしくない」と言ったのはどう思って言ったのでしょうか？　　Ｈ・Ｋ

（朱実の捉えについて）
怒られた
＝好かれていない
＝さみしい

「さみしい」
＝母いない
　父いない

（桃子の捉えについて）
怒られた
⇒悲しい、怖い

普段の対人面
⇒怒られた
＝構ってもらえた

（最初に貼った「どきどき」）
おいしいものを食べさせたいから「おいしい」を貼った？

うさぎが見ているから「おいしい」
※子どもの姿を基に整理したメモ

88

（3人の関係性で、朱実が頑なになった場面の分析）

朱実と桃子が A と言っていた場面で

パターン①：黄太が B と言う⇒朱実が A のまま変更しない、桃子も A のまま変更しない

　　　　　　再度、黄太が B と言う⇒朱実が B に変更する、桃子も B に変更する

パターン②：黄太が B と言う⇒朱実は A のまま変更しない、桃子は B に変更する

　　　　　　再度、黄太が B と言う⇒朱実は A のまま変更しない

※桃子は、黄太の意見を聞いて気持ちカードを替える

※朱実は、黄太に言われると頑なになる

5 授業者との聴きあい（全グループでのアクティブ・リスニング）

＜話題1＞黄太、桃子、朱実の「気持ちの言葉」の理解について
＜話題2＞桃子と朱実が崩れることについて
＜話題3＞桃子の思考・判断について

写真3-18：
授業者、プロンプタ、各グループの報告者が集まり、アクティブ・リスニングを行う様子

＜話題1＞黄太、桃子、朱実の「気持ちの言葉」の理解について

プロンプタ:O・H
流れづくり
　　取り上げている場面に重なりがありましたので、その場面から話してみてはどうかと思います。くまがごはんを作ってあげたり、うさぎと一緒に眠ったりして楽しい日々を過ごした場面です。BグループとCグループの人が取り上げておられます。T・S先生お願いします。

T・S
　　桃子と朱実は「どきどき」のカードを貼ったけど、黄太のやりとりを聴いて、「うれしい」に変えました。他にも「うれしい」などのカードをどうやって選んだのか検証しようと話をしました。どちらかと言えば**桃子と朱実は、物語や文章の理解よりは、場面ごとの絵を見て自分の生活や経験と結びつけて「寂しい」や「悲しい」「どきどき」を選んでいると思いました**がどうでしょうか。

プロンプタ:O・H
深める
　　具体的には、どこから絵で判断していると思われたのですか？
　　※解釈の根拠を確認する

T・S
　　泣いている場面など、絵を見てなるほどとわかるような場面です。この絵本はあまり笑顔がないので、どちらかというとネガティブな言葉を選びがちになると思ったときに、**桃子と朱実は絵を見て「悲しい」とか「寂しい」のカードを選んでいるような気がしました**。

90

事例2　**5授業者との聴きあい（全グループでのアクティブ・リスニング）**

プロンプタ:O・H
つなぐ

それでは、この場面に限らず、いろんな場面で、絵を見て選んで貼っているのではないかという見解ですか。それに関連して同じようなことが出たグループはありますか？

Y・K

私たちのグループ4人のうち2人で出た場面は、最後のくまが泣いてうさぎを抱きしめた場面です。桃子が最初「悲しい」カードを貼っていたのを黄太が見て「びっくり」だと言いました。授業者が1回黄太に理由を聞くと、黄太は、「うさぎがいたから」と答えました。その後、桃子が「悲しい」を「びっくり」に貼り替えました。これは絵の場面ではないのですがやはり桃子は、まだストーリーでは登場人物の気持ちを理解することまでできていなくて、絵本の中の挿絵の表情や友達がどんなカードを選んでいるかといったことを手掛かりに何となく、カードを選んでいるのではないかと話をしました。

プロンプタ:O・H
つなぐ

今、絵で判断しているのではないかということで、いろんな場面が出たのですが、ある日、くまがうさぎに大声で怒るとうさぎが泣き出した場面について、Cグループで話題になっていましたね。そこを少し話してください。
※他の場面における関連する根拠を見出そうと掘り下げる

M・S

朱実はうさぎの気持ちとして「寂しい」カードを貼りました。授業者に「何で？」と聞かれて、「うさぎさんのお母さんがいないから、だからお家来た」と言いました。その前に桃子が「パパとママいないから」と言ったことを受けて朱実もそう言ったのか、なぜなんだろうかという話になりました。私たちだったら、自分の経験を通して相手の気持ちを考えます。朱実の中でママがいないとかパパがいないということが、寂しいという経験だからそう答えたのか、それとも、怒られたということは、相手に好かれていないから寂しいと思ったのか、なぜ朱実は「寂しい」と貼ったのだろうかと推測しましたが考えはまとまっていません。

プロンプタ:O・H
深める

なぜ朱実が「寂しい」を貼ったのかということについて、「怒られた＝好かれていない＝寂しい」という話をしておられました。そこをもう少し話してください。
※解釈の根拠を掘り下げる

M・S

怒られたことに対して相手に好かれていない、それは嫌で寂しいというように結びつけた経験があるのであれば、「寂しい」を貼ってしまうのかなと思いました。

Y・K
つなぐ

今のことに関連して、私たちのグループで話したことを言ってもいいですか？
　朱実は、「寂しい」とか「怖い」とか「びっくり」といった言葉の意味の違いをどの程度わかっているのだろうかという意見が出ました。挿絵では、くまが怒っている。うさぎは怒られたときに、くまが怒っているから怖いというように捉える人もいるかもしれないけれども、怒られて悲しいと捉える人もいるかもしれない。だから、ここ

91

第 3 章 **実践事例**

の答えはもしかしたら人によって捉え方が違うかもしれないという話も出ていました。**朱実は、「悲しい」とか「怖い」とか「寂しい」の言葉の違いをどのように捉えているのでしょうか。そして、授業者はそれをどう捉えているのかということも聴いてみたい**という意見が出ました。

**プロンプタ:O・H
聴く**

　今、絵から判断しているのではないか、「寂しい」と答えた理由はなぜかについて、それぞれのグループで推測していただいたのですが、授業者はその点について、これまでの取組と3人のお子さんを見ておられる状況からお話しいただきたいと思います。
※**子どもの判断の仕方について各グループの解釈を聴いたうえで授業者の解釈を聴く**

授業者：U・S

　桃子、朱実が絵から判断しているのではないかという点では、特に朱実はそうだと思っています。今までの授業でも、「朱実さん、挿絵の顔をみてごらん」と私も言葉かけしたことがありました。ご飯が出てきたからとりあえず「おいしい」を貼るということも考えられます。実は私は、桃子は、ある程度わかって貼っているのではないかと思っていました。でもそれは、いかにも怒っているとか、いかにも寂しいとか、いかにも泣いていて悲しいとか、そういう挿絵がわかりやすい場面で的確なものを貼っていたのだとわかりました。

　さきほどビデオを観ていたら、桃子は2人で貼るところになると、朱実が貼るのをまず見てから同じカードを貼ったりとか、一人ぼっちのくまの家にうさぎがやってきた場面も、くまがうさぎにご飯を作ってあげて一緒に楽しく過ごしている場面も、くまとうさぎが同じような顔をしているので、最初「どきどき」を選ぼうとしたら、朱実が「楽しい」を貼ったから、じゃあ替えますと「楽しい」を貼りました。人の様子を見て貼っていることが、よくわかりました。でも1人で貼るところは、それなりに考えないといけないから、表情とかイラストを手掛かりに貼っているような様子が見られました。

　「私は、くまはこれだと思う」と子どもが選んで、それほど大きく外れていないものが貼れたら、良いと思って授業を進めていました。**黄太はわりとはっきりとわかっていて、女子2人は、何となくだと思っています。**
※**子どもの実態の捉え直し**

**プロンプタ:O・H
確認**

　今、何となくと言われたのは、少しはわかっているということですか？
※**授業者の捉えを具体的に確認する**

授業者：U・S

　そうですね。飛び出てくるおもちゃは怖いとか、これが楽しかったとか、これがドキドキしたという**日常会話で耳にするようなことは適切に言うことができています。**

**プロンプタ:O・H
確認**

　分けて使っているのですね？

授業者：U・S

　分けて…はい。ちゃんと自分の思いを言えていると思っています。

事例2　**5 授業者との聴きあい（全グループでのアクティブ・リスニング）**

プロンプタ:O・H
確認

だけど、**絵本になると、大体のところで言えているのではないかということですね。**
※授業者の捉えを整理し、確認する

授業者：U・S

はい。

Y・K
つなぐ

今、言われたこととすごく関連しているのですが、朱実が「寂しい」を選び、黄太と桃子が「怖い」を選んだときに、授業者は、「桃子と黄太は、「怖い」だと言いました。そういう意見もあります」とだけ押さえて、特に朱実の「寂しい」について、「2人は怖いだと言っているけど、どう思う？」と追求しませんでした。私たちのグループでも、そこは一つじゃなくて、いろんな気持ちがあっていい。怒られて「悲しい」もあれば、「怖い」と思うこともあるというように、人によっていろんな気持ちがある。だから授業者は、押さえただけで、絞らずに進めたのだろうと思うが、**授業者が答えを一つに絞らなかった理由を、確認してみたいという意見が出ていました。**

授業者：U・S

「怒られて嬉しい」などと余程かけ離れていたら確認します。今までも、「そこでそれは…」というカードを貼ったときは、別の子に「○○さん、どう思う？」と聞いていました。「僕は怖いだと思う」と言ってカードを貼ると、いつも女子2人は、「じゃあ」と言って貼り直すことができています。**みんな何となくわかって貼れていると思います。**貼れてないところもあるのですけれど。友達の様子を見て、貼り直したりしています。

プロンプタ:O・H
聴く

Aグループの「なぜ、貼り替えたのか」というところは、友達との関係性も入ってきますか？

Y・K

物語の前半の気持ちはわかりにくかったのだろうか、後半はわかりやすかったのだろうかということについてですが、**後半は、絵の表情がわかりやすかったのではないか、**怒っていたり、涙が出ていたりするので、「あ、怒ってるんだ、悲しいんだ」っていうのがわかりやすかったのだと思います。**ストーリーはむしろ前半のほうが、「ひとりぼっちのところにうさぎが来た、だから楽しい」**と単純で、後半は、うさぎがいなくなって寂しいなと思っていたら、実はそれは夢で、実際はいたのだというストーリーをつかむことがかなり難しいと思いました。それで桃子や朱実は、違うカードを貼っていて、黄太が一生懸命訴えていたのではないかと話をしていました。**ストーリーの理解としては、夢の中のことまでという、ちょっと複雑なストーリーになると、桃子や朱実はまだ捉えられていないのかなという話をしました。**

プロンプタ:O・H
聴く

そこに関してはどうですか？

授業者：U・S

確かにこのお話を題材に選んだときに、「夢だった」という落ちがわかりにくいかもしれないということが一番気になっていました。私としては、物語を読み込むのは

93

第3章 実践事例

そこまで目的ではなくて、夢だったとかわからなくても、例えば、「怒った、うさぎが出ていった、えーんって泣いていたら、次の日の朝、戻ってきた」それくらいのストーリーの理解でも全然良いと思っていました。でももしかしたら、子どもたちは、「夢って何？」と混乱しているかもしれません。子どもたちは3人とも前半のある日、くまがうさぎに大きな声で怒るとうさぎが泣き出した場面のところが大好きで、せりふも覚えて、休み時間にも言ったりしています。**平和な場面はつまらなくって、「怒った」「泣いた」場面のほうが、3人とも、ケラケラ笑いながら見ています。場面がわかりやすくて、考えやすいのかもしれません。**

※子どもたちの理解力を推察

＜話題2＞桃子と朱実が崩れることについて

プロンプタ:O・H
転換

理解して活動する部分については十分話題になったのですが、授業者が、一番見てほしいと思っておられた桃子と朱実が崩れやすいところも少し話題になっていたように思います。Cグループ、この辺りをお願いします。

M・S

なぜ、ラベルになっていないかというと、青ラベルが書けなかったので…事実でないことが多々含まれているということをご理解のうえ、ご容赦願います。

ハートに書いてある気持ちカードをうさぎのときには朱実から、くまのときには桃子からスタートして、授業者は、「何選んでた？」「友達、何選んでた？」と聞いていきました。桃子、朱実が違うことを言うと、「黄太君、お願いします」と黄太に聞き直しています。そのパターンが何回かあったと思います。それで朱実が、黄太の意見を聞いてスッといくときと、頑なに最後まで言わなかったときがありました。よく考えたら、**黄太に言い直されることが引き金なのではないかと思いました。桃子が発言したかどうかも関係あるのかもしれないと思いました。**

プロンプタ:O・H
聴く

M・S先生はどう思いましたか？

M・S

「怖くない」とか「美味しくない」とか「寂しくない」とか、「ないない」ばかりを言っていて、桃子も真似して「ないない」と言っているときもあれば、スッと言うときもあります。そこで朱実に戻ってくると、黄太言った、桃子言った、私だけ言ってない。そういうことなのかもしれません。

プロンプタ:O・H
同調

うんうん。

M・S

黄太が言って、朱実はダメで、桃子もダメで、もう1回朱実に戻ったときに言ったり、言わなかったりするんです。

Cグループの図解の「3人の関係性で、朱実が頑なになった場面の分析」p.89参照

事例2　**5 授業者との聴きあい（全グループでのアクティブ・リスニング）**

プロンプタ：O・H
聴く

それについてはどうですか？

授業者：U・S

黄太が「これ違うよ」と言って直すと、桃子はすごく嫌そうな顔をしています。でも黄太が何に直すかをすごくよく見ています。桃子らしいなと思うのは、黄太が、朱実のカードを「これ違うよ」と言ったときは、調子にのって、「朱実のこれ違う！」と一緒になって言います。自分のカードを否定されるのはすごく嫌だけど、人のカードが否定されると、一緒になって言っています。M・S先生の捉えのとおり、朱実が崩れたら、桃子も一緒になって絶対に崩れるし、朱実が小さい声でも言ったら、じゃあ私も言ってみようかなという感じです。

あとは、朱実が頑なな様子は、ビデオを観てやっとわかったのですけれど、ある日、くまがうさぎに大声で怒るとうさぎが泣き出した場面で、朱実は「寂しい」と貼っていました。それを黄太が「怖い」に直したら、朱実はベタっと床に頭を付けるようにしていました。私が朱実に「これなあに？」と言ったら「わからない」と言い、もう1回聞いたら「怖くない」と言いました。私はそのとき、「またふざけているわ」と思っていましたが、**よく見るとやっぱり直されたことが嫌だったのかなと思いました。**黄太は「くまが怒ったから」と言い、朱実と桃子も「怒ったから」と真似をして言う中で、朱実が「怖い」と次第に同意していきました。結局、「二つ意見がありますね」としました。ここで、もう1回朱実に「どっちだと思いますか」と聞くのは止めようと思い、このようにしたのですが、私の思っていた以上に今日は、何回も黄太に直されてしまい、この2人には、衝撃的な活動だったのかもしれないと感じました。

※朱実の内面の捉え直し

Y・K

私たちのグループでも同じことを言っていました。朱実は、自分の言っていることを間違っていると認めたくなかったのではないか、だから「怖い」と言ったら「怖くない」というふうに言っていたのではないかなという話が出ていました。

（途中省略）

プロンプタ：O・H
転換

他にお話ししたいことはありませんか？　**報告者以外の方でもないですか？**

＜話題3＞桃子の思考・判断について

T・R

気持ちを判断するうえでストーリーの理解より絵のほうが優位なのではないかという話が出ていたと思います。それに関連して、くまがうさぎにご飯を作ってあげ、一緒に楽しく過ごしていた場面で、桃子がくまの気持ちについて「どきどき」のカードを「おいしい」に替えました。その理由を尋ねられたら「うさぎが見てるから」と答えました。その意味がわからなくて、うさぎが見てるからおいしいってどういうことなんだろうとグループで話をしました。くまはうさぎにおいしいものを食べさせたいからおいしいのか、逆にくまの気持ちなのか。大人からすると、くまがうさぎにスー

95

第 3 章 実践事例

プをあげようとしているように見えますが、**実は、桃子にとっては、くまがスープを飲んでいるように見えるのではないか、それをうさぎが眺めているように見えるのではないかという話をしていました。だから、「うさぎが見ているから」という発言が出てきたのではないか。やはり、絵のほうが強いという話と合致するなと思って聞いていました。**

プロンプタ:O・H
聴く

今の意見を聞いて、どうですか？
※授業者が言語化して整理することを促す

授業者：U・S

そうですね。私の捉えを言うと、最初「どきどき」を貼っていて、突然「おいしい」に貼り替えました。私も、「うさぎが見てたから」の意味が全然わからなくて、スルーしたのですが、私は、単純に、ここにスープが描いてあるから「おいしい」にしたのかなというくらいに思っていました。

今、聞いて、**まさかくまが出しているのではなくて、くまが食べようとしているというふうに捉えているなんて、思いもしていなかったのですが、食べているのではなくて、作ってあげているとか、ちょっと複雑な動きだから、もしかしたら、一緒に食べているくらいの感覚で見ていたのかもしれないなと今になってちょっと思いました。**
※桃子の理解力の新たな捉えの気づき

プロンプタ:O・H
深める

絵を見て理解しているという捉えも、私たちはストーリーの薄い部分の中で理解しているのではないかというように思いがちですが、子どもたちは子どもたちなりにこの絵とこの2人の関係を一生懸命考えてそういうふうに言ってたのでしょうか？

プロンプタ:O・H
確認・締める

黄太は、わりとストーリーが理解できるので、教師と同じような感想を言うかもしれませんが、絵で判断している場合には、ストーリーとは違う理解で子どもが喋っているかもしれません。それで意見が違うのかもしれませんね。そういう意味では、譲らないということに、意味があるのかもしれませんね。最後に、今日、改めて感じたことや発見があればお話ください。

授業者：U・S

今日は黄太がお手伝い係で前に出ていろいろ言うという場面がいつもよりも多くありました。その結果、女子2人は否定されるのが嫌というライバル心があること、桃子は、自分が否定されたくないから何か言うことなど、2人の気持ちがよくわかりました。

朱実は、人の話を聞く場面が苦手だと思っていたら、黄太が、自分の貼ったカードに対して何を貼るのだろうかとすごくよく見ていたり、「違う」という気持ちの表れのように「怖くない」と言ってみたりする**女子2人の内面が、すごく見えてきました。私はいつも女子2人が崩れやすいのですごく淡々と授業をしているのですが、もう少し、3人それぞれの意見を認め大事にしていきたいと改めて思いました。**
※桃子と朱実の内面の捉えの気づき⇒関わり方の改善策発見

96

6 全体の振り返り（協同学習リフレクション）

※Aグループのみ（抜粋）

写真3-19：
参観者が、「学びあいの場」を通して気づいたことをそれぞれ聴きあい、学びを共有する様子

T・Y教諭

　子どもたちと半年くらい関わっていたら、無意識のうちに「この子にこう言葉がけしたら、こうするだろうな」と予想できるようになるのはいいのですが、あまり決めつけないようにしたいと思いました。すぐにうまくいかないことでも、もしかしたらうまくいくかもしれないので、決めつけないで試してみたいなという気持ちになりました。

　こちらが何を評価するかということがすごく大事です。「問題ができた」という結果だけで評価すると、学力的に苦手だと思う子はもうやりたくなくなります。子どもたちが自分でやろうとした気持ちとか、間違っても何か意見を言ったことに対して、私たち教師が褒めることで、またちょっと意欲が変わってくるかもしれないと思いました。

K・H教諭

　「この子が言ったらきっと正解なんだ」という上下関係のような関係性ができてしまうことは、朱実、桃子の意欲を損なうことにつながります。黄太にも「俺が正しいんだ」と思わせてしまうかもしれません。授業者が思っている以上に、子どもたちの中で大きく影響していると思いました。

　改めて気持ちの学習は難しいなと思いました。子どもたちが自分で「今感じたのはこういう気持ちなんだよ」とラベルを付けていく段階もあれば、表情を見て、「この子今、こう思っているんだよね」という段階もあれば、黄太が今言っているように、ストーリーの中で、これこれこうだから、こういう気持ちだよねという段階もある。きっと黄太は、ストーリーでわかるけれど、朱実、桃子は、まだそこまでではない。彼女たちの経験でわかる感情の区分がまだ曖昧な段階だとしたら、どのように理解を図るとよいのか悩むところです。「気持ち」は目に見えないし、正解もないし、それを指導していく難しさを改めて感じました。

第3章 実践事例

Y・K教諭

　道徳の授業では「これだけが正解です」とはなりません。国語では、こういう表現は、こういうふうに読み取るというように、文章の決まりとして正解があります。本当の気持ちとなると人それぞれですし、国語としてどう教えるかということは難しいものだと思います。

　この授業を観ていて、迷うのは、朱実と桃子の対応です。授業者はこの2人が絡み合うと悪いほうに引っ張り合うことが多いので、どうしても淡々と授業を進めることが多いと言っていましたが、私もよくそういう手法は使います。授業がスムーズに展開するように、この発言に今は取り合わないという対応をすることもあります。しかし、今言った授業のコツのようなものと、一方で、子どもの発言として大事に丁寧に取り扱うということとのせめぎ合いがあります。判断基準が曖昧で、教師の勘に頼る部分があり危険だと思います。

　自分では、「またふざけてやっているわ」と決めつけて見過ごしていたことが、案外、子どもにしてみると「こんな気持ちだった」ということがあるかもしれません。子どもは、教師の対応をとてもよく見ていますから、「あ、そうなの、どうしたの？」と問い返しただけで、「あ、この人、聞いてくれるな」と思い、またふざける方向に走る場合もいっぱいあります。そこを丁寧に扱いながらも、瞬時に判断していくのは、なかなか難しいと思います。

　これが、黄太は国語が得意だけど、算数ではというようになれば、各教科で、この子は○○名人、あの子はこれは苦手だけど△△名人、というようにバランスがとれ、お互いに認め合える関係になるといいですね。

7 授業者の振り返り（「学びあいの場」を通して気づいたこと、捉え直したこと）

・朱実、桃子の「気持ちカード」の選び方は、「何となく」であることが多く、話の内容よりも絵本の挿絵で判断していることが多いことがわかりました。この2人にとっては、挿絵の表情がわかりやすい後半のほうが「気持ちカード」を選びやすいのかもしれないと思いました。また、自分が体験したことであれば、「気持ちの言葉」を上手に使うことができたとしても、登場人物の気持ちを考えることまでできるわけではないということがよくわかりました。（話題1「黄太、桃子、朱実の『気持ちの言葉』の理解について」より）

・子どもが授業中にふざけたり、やる気をなくしたりするのには、必ず理由があることを再認識しました。桃子と朱実は一見退屈になってふざけているように見えましたが、実は互いの言動に非常に敏感で、ライバル心をもっているのではないかということがわかりました。友達の意見を聞いて真似をしながら学んでいってほしいと思っていましたが、現時点では「間違っていた」「直された」という経験になってしまっているのではないかということもわかりました。一方で、私が思っていた以上に3人は友達のことを意識できていることがわかり、今後につなげていけるような希望がもてました。（話題2「桃子と朱実が崩れることについて」より）

・桃子がくまの気持ちで「おいしい」を選んだのは、「おいしいよ」と言いたい気持ちだったのかもしれないと思いました。子どもが、どうしてその「気持ちカード」を貼ったのかという理由を表出するには、子どもが述べるのを待つだけでなく、教師が「○○だからかな？」と言い方の見本を見せ、子どもの意見をわかりやすく認めることが大切だと思いました。（話題3「桃子の思考・判断について」より）

第3章 実践事例

8 「学びあいの場」後の授業づくりや子どもへの関わり方の変容

(1)「学びあいの場」以降の授業改善

　正解を一つに絞りたくないという思いから「これは正解。これは間違っている」という言葉掛けをしないようにしてきました。そして次の時間では、桃子や朱実が「間違っていた」「直された」という印象をもたないように「これは正解。これも正解」という言葉掛けをすることを心掛けました。また、選んだ理由を自分で述べてほしいと思っていましたが、桃子や朱実のようにそれが難しい子どもに対しては、教師が言い方の手本を見せることも必要だと考えました。

　桃子が貼った「気持ちカード」に対し黄太が意見を言う場面がまたあり、桃子が「違う」と怒りました。そこで私は、「黄太くんは『うれしい』だと思ったんだね。桃子さんの『どきどき』も、先生は正解だと思うよ」「『どきどき』を選んだのはもしかして『だれが来たのかな』の『どきどき』だと思ったからかな。いい考えだね」などと言いました。桃子はうなずいて穏やかな表情になりました。子どもの意見をわかりやすく認めることが大切だとわかりました。

(2) 今後の課題

　今回の「気持ちカード」を選ぶ活動では、友達の意見や選択を参考にして自分の意見を決定したり変更したりすることを大いに認めるようにしていました。しかしそれは、友達の意見を柔軟に受け入れられているというだけでなく、自信がなく友達の意見に左右されている、その場しのぎになっていて身には付いていないというおそれもあります。どうしてこの「気持ちカード」を選んだのかについて、何となくではなくて、本人が自分の行動と考えを結び付けられるように、教師が言葉を足しながら声に出して言うように促したり、視覚的に残るように黒板やプリントに提示したりする必要があったと思いました。1時間の授業で、子ども自身がしたことが視覚的にも聴覚的にも記憶に残るようにまとめることが必要だと思いました。

(3) 子どもへの関わり方の変容

　今回の単元を通して、子どもが関わり合う学びをねらうためには、ただ多くの意見を交わすだけではなく、どの子どもの意見も丁寧に認めることが重要であるということを学びました。どの子どもも「注目されたい」「認められたい」「褒められたい」という気持ちがあったのです。

　それを改めて学んでからは、国語の授業以外の場面でも、子どもの行動をまずは認めよう

100

という意識をもつようになりました。一見手順を間違っているような行動を発見しても、すぐに言葉を掛けずに子どもの行動を観察してその理由を考えました。「もしかして時間が間に合わなくなると思ったから先に〇〇をしたの？　自分なりに考えたね」などと、子どもの気持ちや行動を言葉にして伝えるようにしました。

　また、些細なことでも褒めるところを見付けて子どもに伝えるようになりました。褒められるべき行動がどのようであるか、本人もその他の子どもも納得できるように、「自分で手順表を見て確認しながら片付けて、すごいね」などと詳しく伝えるように心掛けました。注意するよりも褒めようという意識をもつと、私自身も穏やかな気持ちで子どもと関われるようになりました。

事例 3 | 子どもの実態に応じた「振り返り」の在り方を見直す必要性の気づき

授業者：H・T

<授業（チャレンジタイム）の要旨>

　子どもが自分で今日の目標を立てて仕事（雑巾のかがり縫いまたはリサイクル封筒の糊付け）に取り組み、最後に自分で振り返って自分の課題を捉え、次回の目標につなげることを目指す授業。

<協同的な学びの要旨>

　授業者は、子どもたちが前時の課題を受けて本時の目標を具体的に立て、よりよい自分を目指して前向きに頑張ってほしいと願っていました。そのために、目標を立てたり、振り返ったりする場面で、自分の考えを言語化して書くことや、チェック表で点検することが必要だと考えていました。

　それに対し、同僚参観者からは、「困ったらすぐに報告するという目標だった○○さんは、かがり縫いの糸が絡まってもすぐには気づけず、随分経ってから報告したように見えた。しかし、○○さんにとってはすぐに報告しているのではないか」「仕事の途中に指摘を受けたポイントをしっかり守っていた△△さんは、振り返りでそのことを文字で表現することが難しく、結局、前時のページを見て、同じ言葉を書いたのではないか」「チェック表で自己評価する場面ではすべての欄にすばやく○を書く子どもが多く、1項目ずつ確認しているようには見えなかった。チェック項目が今日の仕事の具体的に何を指しているのかわからなかったのではないか」など、授業者があまり問題と捉えていなかった子どもの姿でした。

　プロンプタは、授業者自身の新たな「子どもの見方」の気づきにつなげられるように、参観者が捉えた子どもの姿や内面と授業者が捉えていた子どもの姿や内面をできるだけ具体的に擦り合わせ、授業者の気づきや考えを確認しながらアクティブ・リスニングを進めました。

　授業者は、子どものつまずきや困り感に気づき、改めて子ども一人ひとりの姿を見直し、実態を捉え直そうと思いました。そして、適切な自己評価、振り返りが困難な要因は本当に一人ひとり様々であることを改めて実感しました。子どもの自己理解につながるために有効な振り返りの在り方を考える機会となった事例です。

1 事前の解説（ブリーフィング）

<授業名>	チャレンジタイム（日常生活の指導）
	「目標をもって仕事チャレンジに取り組もう」
<対象生徒>	高等部1年、8名（陽介、光夫、葉子、流太、林人、風太、海斗、巧）
<授業者>	Ｔ１：Ｈ・Ｔ　Ｔ２：Ｔ・Ｙ
<本時 / 全体>	3/30

<授業者の思い>

　高等部1年の8名は、仕事チャレンジとして教室内での軽作業に取り組んでいる。春季就業体験などを経て、委託作業への取り組み方や責任感、報告連絡などの基本的な態度が少しずつ身に付いてきている。

　一方で、目標をもって仕事に取り組むことや、仕事の様子を振り返り次の目標を考えることについては、難しさを感じている子どもが多い。自分で立てる目標は毎回同じものや「仕事を頑張る」などと具体的ではないものが多かった。また、目標を立てても、それを意識し、達成しようとして仕事に取り組んでおらず、同じ失敗を繰り返すこともあった。振り返りでは、できたことやできなかったことを自分で適切に評価できていなかったり、次回どんなことを頑張るかを具体的に挙げられなかったりすることが多かった。

　将来の就労を見据え、自分に相応しい目標を具体的に立て、それを意識して仕事に取り組み、終了後には適切な自己評価をして次の目標を立てられるようになってほしい。そして、自己理解を深め、自分の良いところやもっと良くなる点を見つけ、より良い自分を目指して前向きに頑張ってほしい。目標設定が難しい子どもにおいても、今日頑張ることが自分でわかり、終了後にそれが上手くできたか、できなかったかが認識できるようになり、できた喜びをより感じられるようになってほしい。

　子どもの担当する仕事と、子どもの実態を踏まえて特に重視したいねらいを以下に示す。

第3章 実践事例

生徒	担当する仕事	特に重視したいねらい
陽介	紙箱折り	・自分で選んだ目標を意識して仕事に取り組むことができる。 ・目標が達成できたかどうかを自分で適切に評価したり、教師からのアドバイスを基に次回頑張ることを考えたりすることができる。
光夫	紙箱折り	・その日の仕事を振り返り、より良く仕事を進めるためにはどうしたらよいか、自分で考えて次回の目標を具体的に立てることができる。
葉子	リサイクル封筒	・できたこととできなかったことが自分でわかる。 ・できなかったことに対する自己の課題を、教師と相談しながら具体的に考えることができる。
流太 ※欠席	リサイクル封筒	・できたこととできなかったことが自分でわかる。 ・できなかったことに対する自己の課題を、自分で考えて具体的な目標を立てることができる。
林人	紙箱折り	・その日の仕事を振り返り、教師と相談しながら具体的な自己の課題を考えることができる。 ・前回の振り返りを基に、具体的な目標を立てることができる。
風太	紙箱折り	・選んだ目標を意識して仕事に取り組むことができる。 ・目標が達成できたかどうかが自分でわかる。
海斗	雑巾かがり縫い	・自分で立てた目標を意識して仕事に取り組むことができる。 ・できたこととできなかったことが自分できちんとわかる。
巧	雑巾かがり縫い	・選んだ目標を意識して仕事に取り組むことができる。 ・目標が達成できたかどうかが自分でわかる。

・目標設定と振り返りのために「チャレンジチェック表」を用い、活動の前後に記入し、教師と確認できるようにしている。

・「チャレンジチェック表」の書式を、目標と振り返りに特化するように内容を整理している。特に振り返り欄には、できたことやできなかったこと、次への課題などを文章で具体的に書けるように大きなスペースを設けている（図3-1左側）。自分で目標を考えたり、振り返りをしたりすることが難しい子どもには、選択肢から目標を選べるようにしたり、教師とやりとりをする中で、目標が達成できたかどうかを振り返えられるようにしたりして

いる（図３－１右側）。
- 活動中には、「チャレンジチェック表」を机上に置き、立てた目標を確認しながら作業に取り組めるようにしている。
- 子どもが具体的な目標設定や振り返りができるように、教師は「それって具体的にどういうこと？」「もう少し詳しく教えて」などと質問や確認をするようにしている。

＜気になっていること、話題にしたいこと、見てほしい子どもの姿＞

- 「具体的な目標を挙げられる」「前回の失敗やアドバイスを活かした目標設定ができる」「今後の課題が自分でわかる」といった子どもの姿を願っているが、どうしたらよりよい目標設定や振り返りが行えるか、考えたい。
- そのために、それぞれの子どもが現段階ではどのように目標設定をし、それを踏まえて仕事に取り組み、どのように振り返りをしているか、見てほしい。
- 教師とのやりとりの中や作業中の様子で、気になる子どもの姿や発言などがあれば見取っていただき、みなさんの解釈をお聞きしたい。

チャレンジチェック表	/
仕事前	開始時間8:30（　　　）
〈今日の仕事〉	
今日の目標（がんばること、注意すること）	
仕事後	終了時間9:00（　　　）
〈仕事の基本チェック〉	○、△、×
たくさん仕事する	
材料や製品をていねいにあつかう	
返事をする	
自分から報告する	
分からないことは質問する	
今日のふりかえり（できたことできなかったこと、次回がんばりたいこと）	

チャレンジチェック表		/
仕事前		開始時間8:30（　　　）
〈今日の仕事〉		
今日の目標（がんばること）		
たくさん	ふりょうひんなし	てばやく
しずかに	ほうこくする	かくにんする
仕事後		終了時間9:00（　　　）
〈仕事の基本チェック〉		○、△、×
たくさん仕事する		
材料や製品をていねいにあつかう		
返事をする		
自分から報告する		
分からないことは質問する		
今日のふりかえり		
	できた	
	できなかった	

図３－１　チャレンジチェック表

2 公開授業

・子どもの実態に応じて、仕事の内容や担当する工程などの課題設定をする。
・子どもが目標を意識して取り組めるように、仕事中にチェック表を見るように促したり、「今日の目標は何だっけ？」と確認を促す言葉掛けをしたりする。
・その日の仕事を振り返る際に、「何か難しかったことはある？」と子どもに質問して振り返りを促したり、実際に作った製品や不良品を一緒に確認したりする。
・振り返りをすることが難しい場合は、適宜助言をしたり、選択肢を提示したりする。

写真3-20：
それぞれの作業に取り組み、必要に応じて、報告や相談をする様子

写真3-21：
友達の前で、自分の振り返りを発表する様子

3 振り返り（授業リフレクション）

　高等部の仕事チャレンジということで、私（授業者）の意図としては、目標設定と振り返りを重視した授業をしたいと思いました。私が気になったことは、まず葉子についてです。仕事はきちんとしていましたが、最後に私と振り返りをしたときに、なかなか次に頑張ることが見つけられず困った顔をしていました。やっていたリサイクル封筒の仕事は今回で2回目、始めたばかりの仕事なのでもう少し手こずり、いろいろな失敗や不良品を出すと思っていました。その不良品に対して比較的明確な課題を見つけて、それを次の課題に挙げてくれればいいなと思っていました。でも、意外と上手で、本人も「もっと速く」とか、「たくさん」といった目標しか考えられず、私もそれに対してうまく助言できませんでした。

　次は、雑巾をかがっていた海斗です。彼は困ったときはすぐに報告するという目標を自分で挙げて取り組みましたが、結局達成できなかったという振り返りでした。今回は困ったときはすぐに報告できるように、「チャレンジチェック表」を開いて机の上に置き、すぐに確認できるようにすることを自分で考えていたのですが、実際にはできませんでした。目標に立てたことがうまく行動に反映しないということが私（授業者）の悩みです。どうしたら目標を達成できるかよく考え、達成できなかった原因も自分で話をしてくれるのですが、それがうまく行動に反映できないということがあります。大きく葉子と海斗のことが私の気になった点です。

　その他には、振り返りが難しい巧、林人、陽介の目標設定の在り方です。静かにという目標ならばそれなりに静かに取り組めるし、ちょっとうるさかったりしたら、「静かにできた？できなかった？」と聞いたときに、「できなかった」と答えることができる子どもなのですが、もう少し意味のある振り返り、目標設定ができればいいなと思っています。

　また光夫は、今日は初めて前で発表しました。光夫は的確に振り返りをして、上手に文章にするのですが、実際に発表してみると、意外とわかっていないと感じました。自分のやったことを説明することが難しいのだろうということを再認識することができました。

4 ラベルコミュニケーション（事実と解釈）

写真3-22：
ラベルコミュニケーションで各自が見取った事実や解釈を重ね合わせている様子

（1） Ａグループ（4名：副校長1、小学部1、中学部1、高等部1）

（ラベル1）＜海斗のチェックの仕方について＞

　活動後に、子どもが自分で「チャレンジチェック表」（p.105図3−1参照）を記入し、その日の活動を振り返り、教師に報告する場面でした。「チャレンジチェック表」には、その日の目標を自分で考えて記入する欄とその目標についての振り返りを記入する欄がありました。その他に「たくさん仕事する」「材料や製品をていねいにあつかう」「返事をする」「自分から報告する」「分からないことは質問する」などの仕事の基本的チェック項目があり、それらの項目について自己評価し、○、△、×を付ける箇所がありました。

（青ラベル1）〈事実〉
振り返りのとき、海斗はすべてのチェック項目に○を付けた。H・T先生のところに報告に行き、目標は達成できたかと聞かれて、「できませんでした」と答えた。　　　　K・K

（赤ラベル1）〈解釈〉
海斗は、チェック項目の○△×評価が、今日の目標に対する振り返りであることに気づかなかったのではないか。
　　　　　　　　　　　　K・K

事例3　4ラベルコミュニケーション（事実と解釈）

K・K

　振り返りのときに、海斗はすべてのチェック項目にバーッと○を付けていきました。そしてH・T先生のところに報告に行きました。H・T先生から、目標が達成できたかと聞かれて、「できませんでした」と答えた、という場面がありました。

　その解釈ですが、海斗が「チャレンジチェック表」のチェック項目が、今日の目標に対する自分の○△×評価であると気づくことができなかったのではないかと思いました。今日の目標があって、それに対していろいろな質問があって、その中で彼は「すぐに報告する」という目標でしたが、報告ができたという項目も全部○にしていました。それでH・T先生から目標が達成できたかと聞かれて、全部○を付けているのに「できませんでした」と言いました。

　「どこがだめでしたか」と聞かれたら「かがり縫いでばってんになっていたところが…」と自分で全部説明できていました。どこがだめだったかというイメージはできているし、できなかったということも口頭ではやりとりできるのですが…。

進行：O・H

何で○を付けたと思いますか？

K・K

　そのときの書き方も見ていたのですが、海斗は○を付けるときに、机の上でこうやって（項目を手で隠してしまって）書いていました。「今日頑張ること」と「チェック項目」はつながってなくて、今日頑張ることを確認しながら、チェックするということができていなかったように思いました。

109

第3章 実践事例

進行：O・H

つまり、ただ○を付ければいいと思っていたということ？

そういうことなのかなと思っていました。

K・K

私は、全然違う目で見ていました。海斗の目標は「すぐに報告する」。それができたか、できなかったかなんですよ。自分から報告することができたから「できた」と思ったのではないでしょうか。

M・S

確かに「今日の目標」と「振り返り」は彼の中でリンクしているのかもしれないですね。

K・K

「今日の目標」を見てできなかったと自分で言っています。「今日の目標」に対する評価は「今日の振り返り」に書くものであって、「チェック項目」は、目標に対するものだと思っていなかったのではないかと思いました。

M・S

110

（ラベル2）＜葉子の振り返りについて＞

リサイクル封筒作りに取り組んだ葉子について、活動後、「チャレンジチェック表」に今日の振り返りを記入して担当のＨ・Ｔ教諭に報告し、Ｈ・Ｔ教諭と振り返りについてやりとりをする場面がありました。

（青ラベル2）〈事実〉
葉子は、「たくさん作る」が目標で、結果前回よりも3枚多い6枚作って、振り返りは「スピードが速くなった。手を止めないでやった」と書いた。
Ｈ・Ｔ先生から「どうしたら速くなった？　例えば…」といろいろ聞かれたけれど反応はほとんどなかった。
　　　　　　　　　　　　Ｍ・Ｓ

（赤ラベル2）〈解釈〉
葉子は、「う〜ん、う〜ん」となっていたが、教師に伝えられない理由は何だろうか？
考えていたから？　覚えていないから？　面倒くさいから？　言語化が難しいから？
　　　　　　　　　　　　Ｍ・Ｓ

Ｍ・Ｓ

　葉子は、目標に「たくさん封筒を作る」と書いていて、結果6枚作りました。彼女は振り返りで「封筒を作るスピードが速くなりました」と書いていて、Ｈ・Ｔ先生から「どうしたら速くなった？」「例えば封筒を速く準備したとか、ぼーっとしてなかったとか」と、いろいろ聞かれていましたが、「うーん」となるか無言ばかりで反応がほとんどありませんでした。
　Ｈ・Ｔ先生に伝えられない理由って何だったのでしょうか。自分の行動を覚えていないからただ単に振り返りができないのか、それともここに書いたからいいじゃないか、面倒くさいと思ったのか、光夫のように思いはあるが言語化できなかったのか、何だったのだろうなと…。

第 3 章 実践事例

進行：O・H

何分間、仕事をしましたか。

およそ30分間です。

W・K

進行：O・H

30分間の活動で自分のしたことを意識していないのでは？　印象に残ったところがないのでは？

「スピードが速くなりました」と本人も言っていて、確かに前回と比較して、3枚から6枚になったのなら速くなりましたが、単純に事実だけで振り返りをそのように書いたのでしょうか。

M・S

進行：O・H

自分では急いでいたのかもしれませんね。スピードが速くなりましたと、事実を見て思ったのか、自分として実感していたのでしょうか？

確かに速いと思いました。糊を塗るのも。彼女は上から貼るのも、だいたい郵便番号の所に貼ればいいと認識しているし、たぶんそれで速かったのではないでしょうか。

W・K

進行：O・H

> 先生たちの解釈は？

M・S

> 前回の枚数より多かったから速くなったと思ったのでしょうか。

W・K

> 彼女にとってのたくさんって何でしょう？　例えばこの前3枚だった、今日6枚だった、3枚増えました、実際多くなりましたが、彼女にとっては、1枚増えてもたくさんなのかもしれません。彼女にとってたくさんというのはどれくらいなのでしょうか？

M・S

> 目標は結構具体的に書いています。1枚仕上げるとか、内側に印を付けるとか、スピードを上げるとかもあります。

W・K

> たぶん彼女は素早く、綺麗にすることはできますが、たくさんというのがどれくらいなのかわからないのでは。

進行：O・H

> 依頼のときにできるだけたくさんと言われたので、たくさん作らなければいけないと思ったのではないでしょうか？

そうかもしれません。

W・K

そういうことを言われたらやらなきゃと思う人かも。

M・S

事例3　4ラベルコミュニケーション（事実と解釈）

（ラベル3）＜林人の振り返りについて＞

　紙箱折りに取り組んだ林人について、活動後、「チャレンジチェック表」に今日の振り返りを記入して担当のＴ・Ｙ教諭に報告し、Ｔ・Ｙ教諭と振り返りについてやりとりをする場面がありました。Ｔ・Ｙ教諭は実際に出た不良品を一つ見せながら、林人と振り返りのやりとりをしていました。

（青ラベル3）〈事実〉
Ｔ・Ｙ先生：どこが良くなかったかわかる？
林人：指さす。
Ｔ・Ｙ先生：そのことを書いてきてね。
林人：前回の「チャレンジチェック表」を見て「ふりょうひん」と書いた。
　　　　　　　　　　　　　Ｏ・Ｈ

（赤ラベル3）〈解釈〉
良くなかった箱を見せられたので、不良品を作ってしまったことを書くのだなと思い、同じことが書いてあるところを探してみながら書いたのではないか。
　　　　　　　　　　　　　Ｏ・Ｈ

進行：Ｏ・Ｈ

　私は、ずっと林人を見ていました。「どこが良くなかったかわかる？」と聞かれて指をさし、「そのことを書いてきてね」と言われて、前回の「チャレンジチェック表」を見ながら、「ふりょうひん」と書きました。林人の解釈は、良くなかった箱を見せられたので、不良品を作ってしまったということを書くのだと思い、同じことが書いてあるところを探して、その字を見ながら書いたのではないでしょうか？

　「そのことを書いてきてね」というのは、振り返りのところですか？

Ｋ・Ｋ

115

第 3 章 実践事例

進行：O・H

　1つ目ができたとき「できました」と持って行ったら、今日の目標は何ですか？と聞かれました。ちょっと間があって「折り目」と答えました。3つ目になると折り目はあっているが、はみ出したところが出てきて、T・Y先生に「この線はそろっていますか？」とか、いろんなことを聞かれていました。そしたら「そろっていません」と答え、T・Y先生は、「これは製品にならないので預かっておきます」と言われました。

　あとは全部合格して、最後に振り返りを書くとき、「しっかり折り目を折る」と書いて持っていきました。そしたらT・Y先生は「でも、これさっきのやつ」と言って不良品を出してきました。「どこが良くなかった？」と聞くと、林人はきちんとはみ出したところを指さししていました。それで「ここ書いてきてね」と、T・Y先生ははみ出したところを振り返りとして書くように指示しました。

K・K

　T・Y先生は、「はみ出さない」と書いて欲しかったということですか？

進行：O・H

　そうだと思います。最後に「はみ出さない」と書き直しをさせられています。しかし、「書いておいで」と言われて戻ったら、「ふりょうひん」と書きました。

進行：O・H

　だから「チャレンジチェック表」は、前回のを見て書かなければいけないと思っているのではないかなと。だけど途中で「今日の目標は何ですか？」と聞いたら、「折

り目」とちゃんと答えるし、作業中もすごく折り目を意識しているし、仕事中に失敗が出たときに、「この線がそろったらいいよね」と言われたら、次から折るところはきちんとそろえて折っていた。だから、活動は意識している。活動中、きちんと言われたことを意識して折っている。でも、最後に「チャレンジチェック表」を書くときに、全然関係なくなっていると思いました。最初に「この前はどうだったのか？」と聞かれたとき「不良品」と言っていました。「不良品は出さない」と思っているのではないかと思いました。

「ふりょうひん一つすみません」と書いてありました。

M・S

そこがすごくインプットされている？

W・K

進行：O・H

活動のときには注意しなければいけないことがわかっていますが、彼にしたら不良品を出したことが大きいのかな。例えば不良品が一つもなかったら、前回のチェック表を探して「ふりょうひん」とは書かなかったと思います。

不良品のどこが不良品で、次にどこを気をつけてほしいかをT・Y先生は伝えたかったのですよね。はみ出ているから不良品で、はみ出さないように書いてきてねと思っていたが、林人の頭の中は不良品でいっぱいだったのかな？　良くなかったことがきちんとわかっている

K・K

のに。

進行：O・H

それでその後T・Y先生が、「ここのこれどうなってる？」と聞いたら、答えられず黙っていて、「どうなってるか難しい？」「言い方が難しい？」と聞いたら「難しい」と言っていた。T・Y先生に「はみ出さない」って言われて書きに行ったら、「は」じゃなくて、「あ」になって「あにめする」みたいになってしまい、書き直させられていました。

多分、林人の中に「はみ出す」という言葉がないのでは？

M・S

進行：O・H

実はそれまで「はみ出す」という言葉をT・Y先生は全然使っていなくて、線をそろえるとか、言っていました。「線をそろえる」と、同じことを言ってくれれば…。

そしたら不良品じゃなくて、「そろえる」とか、書けたのかもしれません。

W・K

進行：O・H

葉子だってもしかしたら途中「速くしなければ」と気をつけているかもしれない。海斗だって途中のことを覚えているかもしれない。

途中やってしまったと思ったら、チラっとH・T先生のところを見る、海斗をずっと見ていて、かがり縫いでばってんになったときも、途中で「あっ」と気づき、H・T先生をチラっと見る、そして意を決して報告に行く。だから気づいた時点で報告に行ってはいるが、気づきが遅いというか、その前もぐちゃぐちゃになっていて、H・T先生をチラっと見て、行こうかためらった様子を見せてから行っていました。やばくなったら報告に行かなければいけないというのは理解はしていたのだと思います。

K・K

　だって良いことを言われるわけないから。できているのを持って行ったら褒められるが、失敗したのを持って行ったら何でこうなったと言われる、叱られるのに何で行かないといけないのか、でも悪化する前に仕方がなく行こうかと思ったのでは。

M・S

　だからチラっと見て意を決して行こうと思ったのかな。

K・K

　嫌な報告というのは必ず、自分でもそうだが遅らせて行きたい。

W・K

進行：O・H

　林人も折り目がはみ出しているかもしれないが活動中は気をつけている、葉子だって速くと気をつけているかもしれない、林人も言われたらそれを気をつけている。だけど振り返りを書くときにはこうなる。彼らは振り返

> りのところには何を書こうと思っているのでしょうか。

これを見ていると次に頑張ることはたくさん書いてありますが、今日の振り返りのところは、今日頑張ったことをもっと具体的にどこどこを頑張ったなどと書ければいいと思いました。

W・K

葉子が「速くなった」と答えた理由について、枚数の結果からそう思ったのか、それとも活動中に速くしようと思っていたからなのか、H・T先生はどちらだと思うか聞いてみましょうか。

K・K

事例3　**4ラベルコミュニケーション（事実と解釈）**

＜ラベルコミュニケーションで完成したＡグループの図解＞
海斗はなぜチェック欄のすべてに○を書いたのか？

（青ラベル１）＜事実＞
振り返りのとき、海斗は、すべての
チェック項目に○を付けた。Ｈ・Ｔ先
生に報告に行き、目標は達成できたか
と聞かれて「できませんでした」と答
えた。　　　　　　　　　　Ｋ・Ｋ

（赤ラベル１）＜解釈＞
海斗は、チェック項目の○△×評価が、
今日の目標に対する振り返りであるこ
とに気づかなかったのではないか。

　　　　　　　　　　　　　　Ｋ・Ｋ

（黄ラベル１－１）
Ｔ・Ｙ先生：今日の目標を達成できましたか？
　　　　　　　　　↓
海斗：できるだけ速くしようとしたけどダメでした。

（黄ラベル１－２）
項目を手で押さえて○を付けていた。

（黄ラベル１－３）
今日の目標と振り返りの欄はリンクしているのではないか。

（黄ラベル１－４）
チェック欄を○を付けるものだと思っていたから○を付けたのではないか。

（黄ラベル１－５）
「自分から報告する」はできたと思っていたから○を付けたのではないか。

（黄ラベル１－６）
30分間の活動で自分がしたことを意識していないのではないか、印象に残ったところが
ないのではないか。

第3章 **実践事例**

**葉子は、「封筒を作るスピードが速くなりました」と書いたが、枚数の結果から
そのように書いたのか？　活動中、速くしようと思っていたのか？**

（青ラベル2）〈事実〉
葉子は、「たくさん作る」が目標で、
結果前回よりも3枚多い6枚作って、
振り返りは「スピードが速くなった。
手を止めないでやった」と書いた。
H・T先生から「どうしたら速くなっ
た？　例えば…」といろいろ聞かれた
けれど反応はほとんどなかった。
　　　　　　　　　　　　M・S

（赤ラベル2）〈解釈〉
葉子は、「う～ん、う～ん」とうなっ
ていたが、教師に伝えられない理由は
何だろうか？
考えていたから？　覚えていないか
ら？　面倒くさいから？　言語化が難
しいから？　　　　　　　M・S

（黄ラベル2－1）
「封筒を作るスピードが速くなりました」と書いた。

（黄ラベル2－2）
枚数の結果から書いたのかもしれない。
活動中速くしようと思っていたのかもしれない。

（青ラベル4）〈事実〉
葉子が目標に「たくさん仕事する」と
書いていた。　　　　　　　W・K

（赤ラベル4）〈解釈〉
いつも「たくさん」と書いているから
目標になったのかもしれない。
たくさんって何だろう？　　W・K

（黄ラベル4－1）
どのくらいの枚数が「たくさん」なのか（前回は何枚だったのか）。

（黄ラベル4－2）
依頼のときに「できるだけたくさん」と言われたので、「たくさん」と思っているのか
もしれない。

なぜ林人は振り返りの場面でチェック表に「ふりょうひん」と書いたのか？

（青ラベル3）〈事実〉
T・Y先生：どこが良くなかったかわ
　　　　　かる？
林人：指さす。
T・Y先生：そのことを書いてきてね。
林人：前回の「チャレンジチェック表」
　　　を見て「ふりょうひん」と書い
　　　た。　　　　　　　　　　O・H

（赤ラベル3）〈解釈〉
良くなかった箱を見せられたので、不
良品を作ってしまったことを書くのだ
なと思い、同じことが書いてあるとこ
ろを探してみながら書いたのではない
か。　　　　　　　　　　　O・H

5 授業者との聴きあい（全グループでのアクティブ・リスニング）

＜話題１＞海斗について
＜話題２＞葉子について
＜話題３＞林人について

写真3-23：
授業者を交えたアクティブ・リスニングの様子

＜話題1＞海斗について

プロンプタ:Y・K
流れづくり

今からアクティブ・リスニングを始めます。各グループ、海斗のことは全部のグループで出ていましたね。海斗のことばかりのところもあって、とてもたくさん海斗が取り上げられていたので、最初に海斗のことについて、少し話していこうと思います。K・K先生のグループからお願いしてもいいですか？

K・K

僕たちは書いているときの海斗の手の位置にも注目しました。海斗は○を書くときにここをこんなふうにして（項目を手で押さえて）書いていました。なので、もしかしたらチェック項目を全然見ずに、ここは○を付ける場所なんだとして書いていたのかもしれないという解釈がありました。

K・K

あとは、報告すること自体はできていたのではないか。確かに早く、あるいはすぐにということになると、できていなかったのかもしれないが、報告自体はできていたから、そこは○を付けたのではないか。そういうふうな捉えがありました。海斗は、実際に早く報告できていなかったし、H・T先生に「もっと早く報告に来て」と言われたことから振り返りに早くということを書いています。そのため、海斗の中で、今日の目標と振り返りはリンクしていると思いました。しかし、**真ん中のチェック項目の欄は、彼の中でどのようなものになっているのだろうか**というところでいろいろな解釈が出てきました。**なぜチェック欄にすべて○を付けたのだろうか**という話になりました。

事例3 **5授業者との聴きあい（全グループでのアクティブ・リスニング）**

プロンプタ:Y・K
つなぐ

○のこと、チェック表の記入のことが、A・M先生のグループにもあったので、話してみてもらっても良いですか？
※同様の話題をつなげて解釈を掘り下げる

A・M

私たちのグループでは、海斗に関するラベルがたくさん上がってきました。最初に、海斗の報告の場面で、先生が、雑巾のかがり縫いと並縫いのところを指さしながら、「こことここは一緒？」と聞きました。本当はかがり縫いをしてほしいところで一部並縫いになっていたので「今気づいた？」と先生から聞かれて、海斗は「はい」と言った。この場面を見て、**海斗は本当に気づかなかったのではと思いましたが、そのかがり縫いができていなかったということにどこで気づいたのかな？ということについて**です。

A・M

次に、海斗が最初の振り返りの場面で、すべてのチェック項目に○を付けた。そこでは、ほとんど項目を見ずに○を付けたのか、あるいは、すぐにではなかったけれど報告したというところで○だと思って付けたのか？　また、海斗は次の目標を「早く報告する」にしようとしていました。海斗はどうやったら目標にある「すぐに」に気づけるのだろうか？　そもそも失敗せずに取り組むにはどうしたらよいのか？　そしてもう一度戻って、ということはやっぱり海斗は仕事の精度、チェック項目の○△×というのをどれだけわかっているのだろうか？　**H・T先生が海斗に求めるレベル、できた、できなかったのラインをどのように考えていたのか聞きたいです。**子どもの実態は一人ひとり違うから、H・T先生の求めるレベルが本人の実態と一緒なら良いよねという話をしていました。それから、**なぜ報告が彼の目標に挙がってきたのか？将来的にそうしなければいけない、その姿を想定して、チャレンジの中でこれを挙げてきたのか聞きたいです。**

プロンプタ:Y・K
つなぐ

もう一つ、A・Y先生のグループにも海斗のラベルがあるので、説明してください。
※同様の話題をつなげて解釈を掘り下げる

A・Y

2回間違った縫い方をして、散々自分で取り組んだ後に、H・T先生のところに「できました」と言って報告しに行っていた。**できたときに「できました」と言って報告に行くのか、困ったときにすぐに報告に行くのか、わかっていないのではないか。本人はどのように理解しているのか、という話題になりました。**

プロンプタ:Y・K
聴く

海斗の振り返りについて、いくつか観点が挙がってきました。
　K・K先生のグループではチェック欄についてはあまり項目を確認しないで、適当に○、○と付けているのではないか、でも目標と振り返りについては自分なりに振り返って、整合性があるのではないかと言われました。
　A・Y先生のグループでは、チェック欄については、すべての項目に○を付けたということから、あまりよく読まずに○を付けたのか、あるいはすぐではなかったが自

第3章 実践事例

分で報告したから○を付けていたのか、とありました。このことについてH・T先生はどう思いますか？

※論点を整理し、授業者にフィードバックする

授業者1：H・T　意見を聞いていて、確かにここには自分から報告すると書いてあり、私もしっかり見ていなかったが、そういうところに気づいて書いているという見方もあるのだなと思って聞いていました。チャレンジチェック表のように自分で○を付けて自分で評価するというのは、これ以外にもシステム手帳や作業日誌でしています。そういうところの海斗の様子を見ていると、やっぱり、K・K先生もほとんど見ていなかったと言われたが、少し形骸化していて、適当に○を付けているのかなと思いました。

※海斗のチェックの仕方に関する新たな気づき

一つひとつの項目を振り返ることができていないのだろうなと思いました。チェック項目一つひとつの内容を確認させなければいけないし、それがわかるような基準がないと本人たちも評価ができないし、そうなってくるとやはり形骸化していくなと。一つひとつ丁寧に項目を使わなければと聞いていて思いました。私の捉えはK・K先生たちと一緒です。

※海斗にとってのチェックすることの意味づけに関する新たな気づき

プロンプタ：Y・K
深める　これについて、見ていて何か言いたいことがある人はいますか？

※授業者の解釈を踏まえた上で他の意見を聴く

授業者2：T・Y　私は作業班で彼と一緒ですが、海斗の○、○と付けていくことと、似たようなところが見られます。様子を見ていてあまりに早く付けてくると、私のほうでチェックするときに一つひとつの項目を読んで確認してもらい、こっちから見て違うかなと思ったら、行動をもう一度振り返ってもらうようにしています。作業でも同じような場面が見られます。

※他の授業における海斗のチェックの実態について共有

授業者1：H・T　7人の中で海斗は、自分で目標を意識して仕事をし、終わった後振り返るということが結構できているほうです。さきほども（チェック表の）上と下がつながっているともありましたが、結構うまく書いてくるな、うまく答えられるなと思っている子どもです。ただチェック項目については、きちんとやろうとする意識がないのかもしれません。

※新たな見方の気づき（問題発見）

プロンプタ：Y・K
深める　（チェック項目を）読んでチェックするときは、意識できていますか？

※海斗のチェックの実態について多角的に捉え直す

授業者2：T・Y　意識しているようには見えます。頭の中でどう考えているかはわかりませんが。報

告を相手の近くでするという目標で、できていたら私もそのまま流していってしまいます。例えば、私が報告についての指導を丁寧に行ったときは、適切に報告ができる。でも、明らかに指導を入れたのに、全部○を付けてくるときもある。それで、聞いていくと「△です」という感じになるので、1回個別の指導が必要かもしれません。

授業者1：H・T　何を問われているかわかっていない場合もあるのかもしれません。

プロンプタ:Y・K
転換　その辺を今度、どんなふうにチェックしているか見られたらいいかもしれません。他にもいろいろあるので次に行きますが、報告するときの「すぐに報告する」とはどんなことかや海斗自身はどのように捉えているのかということから、海斗は失敗に気づいていなかったのではないかなと思いましたが、H・T先生はどこで気づいたと思っていますか。

授業者1：H・T　本人がどこまで意識があるかわかりませんが、私は、今の仕事においては、例えば糸が通らないとか、ちょっと絡んだとかいうときは、2〜3回くらいやってダメだったら持ってきてくれればいいなという思いです。
　海斗の目標がずっと報告に関することになるのも、この何回か前のときに、針に糸が通らなくて20分くらい費やしたことがあってからです。みんなが終わったときに持ってきて「できませんでした一つも」と。でも、それは困るねということで次から報告を目標にしていて、それが達成されたり、されなかったりして未だにこういう目標が挙がっている状況です。本人には「困ったらすぐに報告してね」と言っています。

プロンプタ:Y・K
深める　海斗にとっての「すぐに」とは、どんなふうだとH・T先生は思っていますか？
※あいまいな言葉の捉えについて、海斗と授業者との差異について確認する

授業者1：H・T　確かに持ってこないということは、彼の中では今の状態が「すぐに」なのかな？私は、15分、20分はすぐにではないと思う。今日は、まあ「次からすぐに持ってきてね」とは言いましたが。

プロンプタ:Y・K
深める　あと考えられることとして、「絡まりました」と言いたくないのではというラベルもありましたが…。
※海斗のつまずきの原因を多角的に探る

授業者1：H・T　僕も見ていて、本人は気づいているのではないかなと思って見ていました。並縫いのときは特に。

A・M　私たちの中では、あんなに真剣に、目から近い位置でやっているので。

授業者1：H・T　気づかないんですかね？

第 3 章 **実践事例**

| A・M |
針を出して、抜いて、が続いている、そこだけを必死に見ていて、本当に「今気づいた」のかもしれないなって思いました。

| 授業者1：H・T |
僕は気づいていたのでは？と思ったから報告のときに「いつ気づいたの？」と聞いてみましたが、「いや気づきませんでした」と言っていたから、じゃあそうなのかなと思っていました。やはり気づかないんだなと。

| プロンプタ：Y・K |
| 確認 |
一生懸命縫っていて、縫い方の違いが見えていなかったのではないかという捉えなのですよね？
※参観者の捉えを確認する

| A・M |
本当に一生懸命していたので。

| プロンプタ：Y・K |
| 確認 |
まだ海斗のことで気づいたことはありますか？　いいですか？　もしまた何か出てきたら後からでも言ってください。

＜話題2＞葉子について

| プロンプタ：Y・K |
| 転換 |
次は、葉子のことも結構話題に出ていたので、葉子のことに移っていこうかなと思います。A・Y先生からお願いします。

| A・Y |
葉子の最後の振り返りで、H・T先生にチャレンジ手帳を報告しているところが切り取られていて、振り返りの欄には「速くなりました」と自分で書いていて、それを見てH・T先生が「何を見て速くなった？」と聞き、「それがわからなければ次に生かせないよ」と伝え、「例えば…」といろいろな例を言いました。そのとき葉子は、言いたいことがあるのか、納得がいかないのか、ちょっと変な顔をしていましたが、たくさんH・T先生が話をされた後、「次考えてみてね」と言われると、うなずいた。という事実がありました。葉子はなぜ変な顔をして、何にうなずいたのかというところの解釈で、葉子はH・T先生にいっぱい聞かれて何を頑張ったか答えられなかったことで、自分が意識して取り組んでいなかったということに気づいたのかもしれない。次はH・T先生に言われないように、考えて速くできるようにやってみるかもしれないいかなと。

| プロンプタ：Y・K |
| 確認 |
H・T先生に聞かれ、答えられなかったことで、速くということを意識してやっていなかったことに、葉子自身が気づいたのではないかということですか？
※参観者の意見を要約し、確認する

| A・Y |
それを言葉にできないことのもどかしさに気づいて、「無意識にやっていたのか」

と聞かれて大きくうなずいていました。「手が止まってたのか」と聞かれたときには違うという感じでいたので、手を止めたということは認めたくなかったのではないでしょうか？

プロンプタ:Y・K
つなぐ

K・K先生のところも葉子について書いておられますが…。
※同じ場面の子どもの姿について多様な解釈を収集する

K・K

「どうして速くなった？」と聞かれたところでは、H・T先生がいろいろ例を出して話をしていたが、う〜んとうなっていて、考えていたのか、それとも何を言っているのかという感じなのか、覚えていないのか、考えるのが面倒なのか、自分の中で何かあるけど言語化するのが難しかったのか、とにかく葉子は難しい顔をしていたというところで、私たちの中では結局30分間自分がやっていたことを意識していなかったのかな、特に間違いや失敗もなく、黙々と6枚作り上げたというところで、印象に残ったところがあまりなかったのかなと考えました。

K・K

ただ、「封筒を作るスピードが速くなりました」と書いていますが、それは前回と今回とで結果的に差があったからか、それとも印象に残ったことはなかったけれど、活動中は速くしようと意識してやっていたからか、どちらだと思われるか、それとも別の何か意見があったりするか聞きたいです。

プロンプタ:Y・K
聴く

今のことについて、H・T先生どうですか？

授業者1：H・T

枚数がどうとかというのはたぶん意識していないと思います。今回、リサイクル封筒の仕事は2回目で、初めてだった前回は不良品を出して、はがれているとか、しわが入っているとかで、最後の1枚、2枚くらいにやっときれいに貼れました。不良品を出さないようになったから、次はたくさん作れるようになりたいという目標が挙がってきた。なので枚数はあまり意識していないかなと思います。
※前時の様子を根拠に葉子の内面を推察する

K・K

不良品を出した、出さなかったということもあるのですかね。今回は出していないんですよね。前回は不良品を出したけど、今回は出していないからスピードが上がったとか？

プロンプタ:Y・K
つなぐ

さっきA・Y先生が言われたことについてはどうですか。本人はやっている最中は速くするということにあまり意識をしていなく、振り返りで聞かれて、そういえば速くを意識していたかなと…。
※葉子の内面について更に異なる視点で掘り下げて推察する

授業者1：H・T

こうやったから速くなったとかいうつながりは本人に多分ないのだろうなと思い、

第 3 章 実践事例

これ以上聞いても何もないだろうなと思って、「今後の課題ね」と先延ばしにしました。**目標は意識していたけれど、速くするという意識はなかったのではないかと思います。**
※授業者の判断の根拠と解釈

プロンプタ:Y・K つなぐ　　K・K先生のグループでもう一つ葉子のことが話題に上がっていました。たくさん仕事するという点についてどうぞ。
※葉子の内面に関連する解釈を更に異なる視点で探る

K・K　　目標には葉子は「たくさん仕事する」と書いていて、何でそんな目標になったのかについて、前回たくさん封筒を作ると最後に書いてあったので、そこからきているのかなとか、O・H先生から依頼されたときにも「たくさん」と言われていたので「たくさん」というイメージなのか、それとも下のチェック項目にも「たくさん作業する」と書いてあったのでそこから彼女はとってきているのか、いろいろな解釈ができます。そもそも葉子の中での「たくさん」って具体的にどのくらいなんでしょうか。

例えば、O・H先生から言われた「たくさん」はとんでもない量の「たくさん」だけど、その時間の中でできる量はせいぜい10枚程度の「たくさん」だろうし、**葉子の「たくさん」ってどういうところを意識した「たくさん」なんでしょうか。**

プロンプタ:Y・K 聴く　　確かに今日は30分ほどで6枚というのも、たくさんと思えばよいのか、そうじゃないのか、普段の様子からH・T先生は判断していると思いますが、葉子自身はどれだけが「たくさん」だと思っていると、H・T先生は考えていますか?

授業者1:H・T　　多分、葉子自身は、何枚だったらたくさんだということがまだわからないと思います。今回6枚作ったので、次回10枚やったらたくさんだろうし、4枚だったら少ないと思うだろうけど、基準がないとわからないかもしれません。私も今はちゃんと提示していないし、前回数えてもいなかったから、その意識はないのだろうなと思います。

まだ、前回の課題を基に目標を立てるということができておらず、これまでの例から引用している段階です。これまでの就業体験や作業学習等で「たくさん」ということがよく目標になっていたので、目標に困ったらとりあえず「たくさん」としたのかなと思って話を聞いていました。
※質問に答えながら自分の解釈を整理

プロンプタ:Y・K 促す　　さっきH・T先生が言われたように、葉子自身が「たくさん」という基準を何かもてば?
※授業者自身の解釈を基に、葉子の問題発見、解決の糸口の気づきを促す

授業者1:H・T　　この目標に関しては、より意識してできるようになるかもしれません。

130

事例3　**5授業者との聴きあい（全グループでのアクティブ・リスニング）**

＜話題3＞林人について

プロンプタ:Y・K
転換

　次に、林人のことについても結構たくさん出ていたので、T・Y先生のグループお願いします。

授業者2：T・Y

　なぜ林人は振り返りの言葉を何度も書き直して、少しずつ書いたのでしょうか、合計4回振り返りの言葉を書き直して持ってきましたが、1回目は平仮名3文字で「おめる」と書いてきて、「どういうこと？」と聞くと「わかりません」と答えました。きっとそのときの解釈で、「折る」みたいなことを表現したかったけど、うまく表現できなくて、自分で考えてこのように書いたのではないでしょうか。

　H・T先生に聞きたいのは、**最初の謎の「おめる」と書いた、これは林人は何を伝えたかったのか**ということです。

※林人の「書くこと」の実態を確認したうえで授業者の捉えを聴く

プロンプタ:Y・K
つなぐ

　K・K先生のグループにも、今のT・Y先生のところでいうと3回目のところですかね？　不良品と書いたところ。

※林人の振り返りについて多角的に推察できるようつなぐ

K・K

　これは最後の振り返りのところです。その不良品を見ながら、最後の報告のところで、どこがよくなかったかわかるかと聞かれて、林人は指さして、「ここがよくなかった」と答えました。「じゃあそのことを書いてきてね」と言われて、林人は自分の場所に戻って、前のページのことを見返しました。そして「ふりょうひん」と書きました。林人は前回も不良品、ということを書いているので、はみ出しているところは確かにそうですが、林人の中では、「はみ出している」＝「これは不良品」という意識だから、前回のことを何回も見ながら、「ふりょうひん」と書いたのではないでしょうか。

　多分、T・Y先生の「このことを書いてきてね」というのは、「はみ出さない」ということを次回の頑張ることに書いてほしかったのかなと思いますが、林人の中では、はみ出してしまったからこれは不良品だと解釈したのだと思います。

K・K

　仕事中に彼が気をつけなければいけないことを指示されたり、言われたりしたときには、そのことにとても気をつけることができますが、振り返りになったときにどうそれを表現したらいいのかというのがなかなか難しそうです。**仕事中に言われたことはきちんと気をつけていますが、振り返りの場面では難しいところがあったのではないかな**と思いました。

プロンプタ:Y・K
深める

　後から時間が経って振り返ったときに、そこがなかなか出てこない、そして書けない、それについてはH・T先生どう思いますか？

131

第 3 章 実践事例

※参観者の解釈を基に授業者の解釈を聴く

授業者1：H・T　「おめる」が何かはわかりませんが、林人の普段の様子を見て、そのやりとりを聞くと、不良品と書いているし、失敗したところは多分ちゃんとわかっている。でもそれを「チャレンジチェック表」に書き表したりとか、うまくT・Y先生に説明したりとか、わからないときに聞きに行ったりすることが難しいと思っています。ちゃんと自分の課題を認識できていて、次どうしたらよいかというのもわかるんですよね…。

授業者2：T・Y　聞いたら、このチェック項目は×だということはわかっています。

授業者1：H・T　それを×にしないために次はどうしようかと言っていましたか？　今度ずれないためにどうしたらよいかとか。

授業者2：T・Y　今日はそのやりとりはありませんでした。これまでもずっと似たようなことがあり、「ここをはみ出さないようにそろえてね」と、しつこくやってきていました。**今日もしつこく確認しても良かったかもしれません。**

授業者1：H・T　確認したら改善はできるんでしょうか？

授業者2：T・Y　改善はできます。今日の仕事中も指摘したところは、その次のときにはちゃんときれいにして持ってくることができました。

授業者1：H・T　そういうふうにダメなところが自分でわかって、教師にアドバイスされたこともわかって改善もできるんだけど、**私が今やろうとしているそれを書き表すというところでつまずいているのだったら、本末転倒だなと思ってきました。**林人は、前回の課題から今回の目標を立てたり、それを意識して仕事をしたりすることができていますから。書くことで引っ掛かって「おめる」になっていて…。
※授業者同士のやり取りから林人のつまずきの原因発見へ

プロンプタ：Y・K
確認　何かH・T先生の中で気づきがあったのかなと思います。
※授業者同士の聴きあいを見守る

132

6 全体の振り返り（協同学習リフレクション）

K・K教諭

　前回の体育の学びあいで私も振り返りのことを話題に上げていました。「たくさん」「すぐ」「早く」という言葉を目標に使いがちなのですが、教師と生徒の間で齟齬があるんだろうなと思うと、それをどのように伝えていったらよいのだろうかと考えました。「あなたが考えているたくさんはここで、それをここまで上げてほしい」というのを、具体的な数値や前回の枚数を例に、子どもにわかる方法でその「たくさん」「すぐ」「早く」を伝えていかなければいけないと改めて感じました。

　林人は強い思いがあり、こういうふうなことを自分は気をつけたし、ここを次に頑張らなければいけないという何かしらの思いをもっています。ただ、その気持ちを書き表せないからといって、選択項目式を用いて、その思いを台無しにしてしまうこともあり、難しい点だと思いました。

M・S教諭

　私は、中3で同じく仕事チャレンジをやっていて、次年度高等部に行く子どもたちを見ていて、振り返りの形態、フォームがこれでよいのかなと思うときがあります。具体的な対策はまだないのですが、今、中3の子どもたちがやっている形態をしばらくやっているので、ここをもうちょっとこうしたらよいなとか、ここはあの子たちには合っていないなとか、そういうところを考え直して、今後の見直しをしたいなと思いました。

　光夫と海斗は、濁点や促音を飛ばして書いてしまう段階です。文字で書くのが難しいようならイラストも入れて、こういうときは「はみ出していた」「はみ出していなかった」という説明を具体的にしてはどうかと思いました。知らない言葉を書けと言われても難しいので、「こういう言葉があるけど、あなたの思いに合っていますか？」というふうに声を掛け、「頑張った」とか「楽しかった」「またやりたい」という本人の気持ちにつなげていきたいです。

W・K教諭

　どこの学校でも、このチェック表のようなことは行っていると思います。子どもたちの選択は「できた」「できなかった」で、「できた」に○を付けたら先生が褒めてくれるから絶対○を付けたいと感じると思います。でも、その「できた」が自分の中でどこまでのレベルで「できた」なのか。先生と子どもの「できた」がお互いに具体的にわかるようにしていくことができれば、おそらく授業がスムーズになっていくと思います。

7 授業者の振り返り

　今回の「学びあいの場」を通して一番思ったことは、振り返りの仕方を子ども一人ひとりの実態に合わせて考える必要があるということです。

　林人については、私がこの授業でねらいたかった、目標を意識して仕事に取り組むことや、自分の仕事を振り返ること、教師のアドバイスを基にして次回に向けた課題を把握することなどが、きちんとできていたにも関わらず、チェック表に書いて表すということにつまずき、何度もやり直しをしていました。きちんとできていたのに、それでは達成感は得られないと思いますし、とてももったいないなと思いました。これからは、自分で書き表すことにこだわらず、チェック表を介した教師とのやり取りや確認の中で、教師が積極的に林人の思いを言語化したり、引き出したりする確認の言葉掛けや問い掛けをするようにしたいと思いました。次回気をつけることをチェック表に記入する際も、教師が記入し、本人と一緒に確認しても良いかなと思いました。

　「海斗は、チェック項目には○を付ければよいものだと思っているのではないか」という解釈は、海斗に限らず他の子どもにもあてはまることだと思います。システム手帳や作業日誌などでもきちんと項目を確認して○が付けられるように、教師も普段から意識して子どもの報告や自己評価を確認する必要があると思いました。

　葉子が、「依頼を受けたときに○・H先生から言われた『できるだけたくさん』を意識しているのかもしれない」という解釈には少し驚きました。確かに、依頼主の話をよく聞いてくるように伝えていますし、教室内にも依頼内容は掲示しています。もしそのように意識しているのなら評価してあげたいと思いますし、実際に本人に聞いてみて確かめたいなと思いました。そのような仕事の意味付け、価値付けの手続きはやはり大切にしていきたいと思いました。

8 「学びあいの場」後の授業改善と子どもの変容

「学びあいの場」での気づきを基に、振り返りの仕方を見直しました。

林人のチェック表の記入については、林人が自分で詳細に書き表すのではなく、教師が積極的に聞き取り、チェック表に記入するようにしました。すると、林人からより多くの振り返りの言葉を引き出すことができるようになりました。そして、前回の振り返りを生かした道具の使い方や、隙間なく鏡を拭くなどの細部に気をつけてトイレ掃除に取り組むという行動変容にもつながりました。さらに、振り返り場面で教師とやりとりする林人の表情が、以前よりも柔らかくなり、緊張や不安が少なくなったようにも思われました。

海斗は、仕事チャレンジ以外の場面でもチェックの仕方を見直しました。一日の終わりに行っているシステム手帳を用いた振り返りの場面でも、とりあえずすべてのチェック項目に○を付けるような様子が見られました。そこで、その都度チェック項目一つひとつについて教師が一緒に振り返り、必要に応じて書き直しを求めるようにしたところ、忘れ物があった際にはその項目にきちんと×を付けてくるようになり、的確にチェック項目を捉え、適切に自己評価できる様子が増えてきました。

葉子には、仕事チャレンジに取り組む際、どんなことを意識しているのか聞いてみました。葉子はうまく答えられませんでしたが、普段の様々な場面での様子を見ていると、たとえ一度だけしか聞いていないことでも、教師に言われたことをしっかり覚え、意識して活動に取り組んでいることがわかってきました。その後の単元で葉子は、トイレ掃除の仕事に取り組みました。その際にも限られた時間でたくさんの清掃箇所があるが、どの場所も汚れがたまらないように手際よく掃除してほしいことや月末には依頼主に作業内容の報告書を出すことなどを伝えておくことで、より多くの箇所の掃除を偏りなくすることを意識し、以前より早くたくさんの仕事ができるようになりました。

補　章

教師の変容と
プロンプタの役割

補　章　教師の変容とプロンプタの役割

第 1 節

「学びあいの場」を通じた教師の変容（「学びあいの場」の現状）

1　各自が捉える自分自身の変容

　3年間で28回の「学びあいの場」を終えた段階で、全教員で「学びあいの場を通じた自己の変容」を振り返る機会を設けました。3〜4人の小グループで、各々の気づきや感想を語り合った後、全体で各グループの話題を共有しました。以下に主なものを抜粋します。

①「子どもの見方」の変容に関する意見

・他者のいろいろな解釈を聴くと、自分の解釈の幅が広がる
・他学部の授業を見ても（子どもは違うが）そこでの気づきは自分の学部の授業に活かせる
・放課後、職員室で子どもの話をすることが増えた
・ラベルを書くポイントがわかってきた　など

②授業づくりの変容に関する意見

・自分（教師）の授業の組立から一歩離れ、子どもの姿から授業の組立を考えられるようになった
・「今日の授業ではここまでやりたい！」という、教師が一方的に伝える授業ではなく、子どもの反応を見て、授業の進め方を変更できるようになった　など

2　「学びあいの場」を通じた教師自身の「主体的・対話的で深い学び」について

　第2章第1節で、「学びあいの場」は私たち教師自身が「主体的・対話的で深い学び」を経験しながら、自らの“見方・考え方”を豊かにするものだと述べました。校内の全体研修会で「これまでの『学びあいの場』を通して、自分自身にはどんな主体的・対話的で深い学びがあったか」について、3〜4人の小グループで対話しながら振り返ってもらい、最後に全体で共有したときの主な意見を紹介します。

＜「学びあいの場」を通じた自分自身の「主体的・対話的で深い学び」＞

・「ラベルを書こう。そのために子どもを観よう」という思いが生じることで、無意識のうちに主体的になっている

・（書き方が）上手なラベルやすごいところに気づいている（解釈している）ラベルを見ると、「すごい、自分も（こんなラベルが）書きたい！」と思う。このことが主体的だと思う
・授業者の立場のとき、アクティブ・リスニングで参観者の質問に答えていくことで自分の考えが整理できるし、自分の思ったことを伝えることができる。これが対話的な学びであり、一方的に言われっ放しで終わらないところが主体的になれて良い
・ラベルコミュニケーションで、自分の思いを伝えることができ、なおかつ他者の考えも聞くことができる。これが自分の考えの深まりにつながる
・授業者として「何であの子はああなんだろう」と思った場面で、他者から様々な解釈（子どもの見方）は得られるが、具体的な支援の方法や改善策は得られない。だから自分で新たな方法を考え、気づくことができる。それが深い学びにつながる
・協同学習リフレクションで自分の思いを話すことができ、深い学びにつながった
・（学部が違うなど）子どものことをあまり知らなくても、正解がなくどんな意見も受け入れてもらえるから安心して話しやすく（主体的）、様々な意見（解釈）が出てきて聴きあえる（対話的）

　以上のように「学びあいの場」に前向きに参加し、良さを実感してもらえていることがわかりました。まだ課題はありますが、教師自身が主体的・対話的にそして深く学ぶことのできるこの研修スタイルをさらに発展、発信していく必要があると実感しています。

補　章　教師の変容とプロンプタの役割

| 第2節 |

プロンプタの役割を担って

1　プロンプタ役を振り返って（Y・K）

①「子どもの目線に立つ」ということ

　校内研修の在り方を見直し、新しい研修モデル「学びあいの場」を推進する上で、プロンプタの役割は大変重要です（第1章 p.8〜10参照）。プロンプタは、「学びあいの場」の一連の流れにおいて授業者に寄り添い、授業者を支える役割を担っています。中でもアクティブ・リスニング（授業者との聴きあい）（第2章 p.18〜20参照）における役割は、授業者をはじめ、「学びあいの場」参加者すべての気づき、学びを促進するとても重要なものです。

　「学びあいの場」開始時からこれまでのプロンプタとしての働きかけを振り返り、改めてプロンプタの役割について考えてみたいと思います。

　「学びあいの場」の目的は教師の「子どもの見方」を豊かにすることであり、子どもの内面を推察し、他者と聴きあうことを通じて、各自が自分なりの気づきや学びを実感することです。「学びあいの場」開始時は、自分の言葉でこれを説明できるほど深く理解できていなかったと思います。プロンプタを担いながら、「支援方法の教えあいにならないように」「授業者の思いを大切にしながら」ということを意識して、アクティブ・リスニングを進行していたと思います。プロンプタの役割は、アクティブ・リスニングにおける"聴きあい"を促進し、そこでの議論が発散しないように様々な意見につながりを見出したり、軌道修正したりすることであると頭では理解しながらも、実際には各グループのラベルコミュニケーションで意見交換されたことを聴き出し、それに関する授業者の意見を確認すること、決められた時間以内に収束させることに終始していたように思います。そして、この頃の自分は、授業を参観する際には、「子どもの目線に立って」と言いながら、実際には支援方法に目が行き、「もっとこうしたらいいのに…」という思いが先行することが多々ありました。今になって振り返ると「子どもの目線に立つ」とはどういうことか、自分自身もよく理解できていなかったように思います。

②子どもの姿を捉える難しさ

　プロンプタを他の方に任せ、参観者として「学びあいの場」に参加した際に実感したことは「ラベルを書くのが難しい」ということでした。子どもの姿を書く青ラベルも、その解釈を書く赤ラベルもなかなかうまく書けませんでした。子どもの姿を書こ

140

うとしたときに、授業中の子どもの姿を見ているつもりでも、実際にはざっくりとし
か見ることができていないことを痛感しました。子どもの姿の事実を見ているつもり
で、自分のフィルターをかけ、自分流の捉えをしていることを知りました。また、子
どもの姿の解釈を書こうとした際、子どもの姿の事実を詳細に見ることができていな
いので、解釈もできませんでした。「子どもの目線に立つ」とはどういうことなのか、
どうしたら子どもの目線に立つことができるのだろうかと悩みました。

　他の方々のいろいろなラベルを見ながら、子どもの姿をありのままの事実で書くと
はこういうことだろうか、「子どもの目線に立つ」とはこういうことだろうかと模索
しました。「学びあいの場」推進ワーキングで様々なラベルを見ながら具体的に考え
ていくことで、少しずつ子どもの姿とその解釈のラベルの書き方がわかってきました。
そうすると、授業を参観したときに、以前のように支援方法に目がいくことがなくな
りました。気になる場面があった場合でも、「この子は、今何を考えているのだろうか。
どうしてずっと止まっているのだろうか」など子どもの内面を探りながら授業を観る
ようになりました。そうすると、ラベルを書く際にも子どもの姿をスラスラ書くこと
ができ、解釈にも「この子は○○したかったのではないだろうか」と自分なりに推察
した子どもの気持ちや考えを書けるようになっていました。

③再び、プロンプタ役を担って

　このように、自分の授業の見方、子どもの見方が変わってから、再度プロンプタ役
を担ったときに実感したことは、先生方の青ラベルを見たときに、授業参観の際に見
た子どもの姿を思い浮かべることができ、ラベルの内容を捉え、自分の中でアクティ
ブ・リスニングの大まかな流れづくりができるようになってきたということでした。
先生方がラベルコミュニケーションしている様子を巡回している段階で、どの場面の
どんな子どもの姿が話題に挙がっているかを把握し、その解釈を分類したり関連づけ
たりしておくことで、実際のアクティブ・リスニングでは、意見の確認をしたり、関
連づけたりしながら進めることができるようになっていました。支援方法に関する意
見が出てきた場合には、そのときの子どもの姿はどうだったかと議論を軌道修正する
ことも可能になってきました。

　「学びあいの場」終了後に、「もっと、あのとき掘り下げればよかったかもしれない」
「あれは余計だったかもしれない」などと省察することは多々ありますが、ラベルの
書き方がわかるようになり、子どもの姿をありのままの事実で捉えることができるよ
うになったこと、そして子どもの目線に立って内面を推察できるようになったことで、
プロンプタの役割もその目的に沿って担うことができるようになってきたと感じてい
ます。

　そして、授業で子どもの内面を捉えながら子どもの主体的な学びを引き出そうとす

補　章　教師の変容とプロンプタの役割

る授業者（教師）と、「学びあいの場」で教師の解釈（内面）を"聴きあい"、教師の主体的な学びを促進するプロンプタの役割は共通点が多いと実感しています。

2　プロンプタの役割を担って（O・H）

　参観者としてラベルコミュニケーションに参加しているときは、一つの場面についてじっくりと解釈を聴きあうことができます。子どもの目線に立つということにどっぷりとつかることができます。しかし、プロンプタは、各グループの話題になっていることを把握しなければなりません。参観者がどの場面の子どものどの行動に関心がありラベルに取り上げているのか、そしてその解釈をどのように重ねているのかを各グループを回って情報収集します。その情報収集を基に、アクティブ・リスニングのときには、各グループで出た解釈を授業者と重ね合わせ、子どもの理解の深まりにつながるよう進めていくことが求められます。

　私は、プロンプタをしたときに、「どうしようかな」と迷ったことがいくつかあります。

ラベルコミュニケーションのときにどのように各グループを回るか

　グループを回ったときに、どこの場面が話題になっているかはラベルを見ればすぐにわかります。しかし、なぜ、その場面を取り上げたのかは、その人の解釈を聞いてみないとわかりません。そして解釈を重ね合わせることで、子どもの実態に少しずつ迫っていきます。それに聞き入っていてはすべてのグループは回れません。ある程度のところで切り上げて次のグループに行きます。取り上げられた場面は関連するものもあれば、まったく別の視点のときもあります。各グループのすべてを見ることはできませんし、そうする必要もありませんが、どのような配分で情報収集するかは悩むところです。

アクティブ・リスニングをどの場面から始めるのか

　ラベルコミュニケーションの様子から得た情報と、図解からアクティブ・リスニングをどのように進めるかの構想をある程度は立てる必要があります。しかし、なかなかそれができません。私は、一番多く取り上げられた場面から聴きあうことにしましたが、同じ場面であっても、取り上げている人や視点が違うこともあり、述べられた解釈をどのように確認したり、他の解釈につなげたりしたらよいのか、常に「これでいいのかな」と悩みながら進めていました。

　アクティブ・リスニングでは、いくつかの場面が話題に挙がります。その関連性が見えると、最初に話題にする場面をどこにしたらよいのか考えやすいのかもしれません。しかし、ラベルコミュニケーションが終わってからアクティブ・リスニングまでには時間がないので、関連性を整理することは難しい面もあります。全グループの状

況を把握しているプロンプタはアクティブ・リスニングをしながら気づいていけるとよいのではないかと思います。

アクティブ・リスニングで授業者にどのタイミングで発言してもらうか

ラベルコミュニケーションでは、青ラベル（子どもの姿）を読むところから始め、解釈を聴きあうので、話題になっているところがイメージしやすいです。しかし、アクティブ・リスニングになると、グループで話題になった内容を報告者の判断で要約して報告される場合がありました。アクティブ・リスニングでも、解釈を重ね合わせる作業をすることに変わりはないので、常に、どの子どもの姿から出てきた解釈なのかを問い返して進めることを大切にしています。授業者を含め、参加者が共通の事実をイメージして子どもの考えに近づいていきたいと思います。

グループからの解釈がいくつか出たところで、授業者の解釈を聴くことになりますが、どのタイミングで、どの視点で聴いていくのかに悩みながら進めていました。プロンプタは事前に授業者の思いを聴き、前時の授業を見ているので、授業者が授業者しか知らない事実を具体的に話して解釈を伝えられるように進められるとよいのではないかと思います。

学びあいの場が終わってから、プロンプタは「あのとき、こうすればよかった」ということがいくつも出てきます。授業者にとっても参観者にとっても学びのあるアクティブ・リスニングになったのだろうかと心配は尽きません。しかし、プロンプタもまた、参観者の一人であるという謙虚な気持ちで多くの解釈から学べばよいのだと思っています。

3　プロンプタを担当して思ったこと（H・T）

「学びあいの場」のワークショップにおける「ラベルコミュニケーション」「アクティブ・リスニング」「協同学習リフレクション」の各場面で、プロンプタの力量が最も問われるのがアクティブ・リスニングです。ラベルコミュニケーションは、授業を参観した教師が、それぞれに捉えた子どもの姿を出し合い、その子どもの姿についての解釈を重ね合わせることで、子どもの学びについての理解を深めようとする場です。それに対し、アクティブ・リスニングは、授業者を交えて、それらの理解をさらに深めようとする場です。そのため、アクティブ・リスニングにおけるプロンプタの一番の役割は、授業者の意図や解釈、授業者しか知らない子どもの姿を聞き出すことだと思います。そうすることで、その子どもの実態や学びの過程の理解がさらに深まり、授業者と参観者双方の新たな気づきや学びが促されると考えます。

授業者の意図や解釈、知っている子どもの姿を聞き出すために、プロンプタは、各

補　章　教師の変容とプロンプタの役割

参観者の捉えた子どもの姿や解釈を整理して、授業者に投げかけます。プロンプタは、各グループのラベルコミュニケーションの様子を知っているので、関連している話題を見つけて報告者に話を振ったり、必要だと思われる場合は報告者以外の参観者に意見を求めたりします。このように、その場面での子どもの姿と解釈を整理し、「授業者はどう思いますか？」と問いかけるのがプロンプタの大きな役割であると考えます。「○○な話になればいいな」とプロンプタが思い抱く場合もありますが、基本的には無理に話を深めようとしたり、まとめようとしたりする必要はないと思っています。

　プロンプタの役割について、実際のアクティブ・リスニングでのやり取りから、具体的に示したいと思います。

　一方で、このような役割を行っているだけでは、アクティブ・リスニングがうまくいかない場合もあります。これまでの経験であった難しかった事例としては、

- 各グループでの話題が散在してしまっていて、解釈の重ね合わせが見られない場合
- その場面を見ている人が少ないなど、子どもの姿の確認がしっかりできない場合
- 授業者の思いとは異なる話題になった場合
- 授業者が「できていなかったと思います」の解釈に留まり、次に向けた気づきや思いにつながらない場合
- 話題が「こうしたほうが良い」という支援方法に走った場合
- 授業内容を否定するようなラベルや授業者への質問が出た場合

などがあります。

　このような場合に、プロンプタはどうすればよいのか、経験を重ねていく中でプロンプタの役割をさらに検討していくことが今後の課題であると考えます。プロンプタとしての力量が向上することで、より良い「学びあいの場」が行えるようになるに留まらず、自身の普段の授業においても、子どもたちに気づきや学びを促すより効果的な言葉かけや問いかけができるようになると考えます。

4　プロンプタとして考えたこと（T・R）

　参観者の解釈と授業者の解釈を重ね合わせ、教師の「子どもの見方・考え方」を豊かにすることを目指す「学びあいの場」において、プロンプタの役割は重要です。しかし、プロンプタの役割は、担当する教師の経験や力量の差が出やすく、私がプロン

プタをするときと、他の先生がプロンプタをされるときでは、ワークショップの雰囲気や、授業者、参観者の気づき、満足度がまるで違うと感じています。

プロンプタ役を担った中で、ずっと不全感が残った事例がありました。

以下にその事例と、そこから自分が気づいた大切なことを紹介します。

数学科「かさを比べよう」の前時の振り返り場面におけるA教諭と生徒Bとのやり取りです。

A教諭：「この計量カップは三つとも同じ大きさですか？　違いますか？」
生徒B：「違っている」
A教諭：「同じ？　形違う？　よく見て」
生徒B：「いっしょ」

A教諭の質問に対する生徒の答えに再度、A教諭が質問することにより、生徒Bが答えを変えています。

大きさの違う容器を使って同じ高さまで液体を入れたときに、どちらのかさが多いかを予想する場面です。

A教諭：「線の高さは同じ？」
生徒B：「違う。あってる」
A教諭：「あってる？　同じ？」
生徒B：「同じ」

A教諭が質問をして、生徒が答え、A教諭が確認すると、生徒が答えを変えています。他にも、A教諭が何回か質問することで，生徒が答えを変更するという場面がいくつかありました。

私は、質問し直されることで、生徒は自分の答えが違っていたのではないかと考え、答えを変更していたのではないかと考えました。そしてそのことを授業者にも気づいてもらいたい。そしたら、次回から授業者の関わり方が変容し、その結果、生徒は教師の反応を見て判断するのではなく、自分で考えて答えを出せるようになるのではないかと考えました。ラベルコミュニケーションでも、上記の場面を取り上げているグループがありました。生徒が答えを変えた理由をA教諭や参観者はどのように解釈し

ているのか聞いてみたいと思いました。

　アクティブ・リスニングで、参観者は生徒が答えを変えた理由について、生徒が自分で気づいたのか、授業者に誘導されたのかという解釈をしていました。授業者は、生徒が指差しして確認しているから自分で気づいて変えたのではないかと解釈していました。他の場面に関しても生徒が自分で気づいて答えを変えたと解釈していました。

　私は、自分が気づいてほしいと考えていたことを授業者に気づいてもらうことができなかったことを大変残念に思っていました。そして、プロンプタとしてどのように聴けばよかったのだろうかとY教諭に相談しました。すると、Y教諭は「T教諭が気づいてほしいと考えていたことに、A教諭は気づかなかったかもしれない。でも、かさ、高さなど抽象的な言葉をたくさん用いていることや、整理が必要であることに気づいていました。そして、生徒がその言葉をわかっているか確認する必要があることに気づいたと言っていましたよ」と答えました。

　Y教諭との聴きあいから、私は、自分が気づいたことを、授業者にも気づかせようとしていたことに気づきました。自分の考えが先行してしまい、授業者自身の気づきを尊重できていなかったと改めて感じました。

第3節 **求められるプロンプタの資質・能力の開発**

第3節

求められるプロンプタの
資質・能力の開発

　文部科学省の次世代の学校地域創生プランでは、学校が主体的に自らの抱える課題の解決を図り、子どもたちの教育活動等を一層充実していくことが求められています。より多様化する社会にあって主体的に大学や教育委員会などと連携して教員の資質改革を図ることで一人ひとりの子どもの状況に応じた教育を実現させていかなければなりません。

　本校では、授業研究のこれからの在り方を学校課題の中核とみなし、子どもを軸とした教師の学びあいの在り方を模索してきました。この研修は、子どもの内面を捉え学びの過程に寄り添う資質・能力を培うための教員研修と言えます。熟練教師を中心に、経験的に当たり前として捉えてしまっていた子どもの捉え方が必ずしもそうではないことを知り、教師同士が協働してそのような思い込みの排除と子どもの内面の洞察を深める研修を目指すものです。

　そのために、“開かれた授業”の理念を取り入れています（第1章参照）。そしてこれを実現し、さらに発展する鍵は、第1章においても言及しましたが、プロンプタの資質・能力の開発であると捉えています。

　プロンプタは、教師の多角的・多面的な子どもの捉え方を促します。それは授業だけでなく日常の学校生活においても指導のヒントになり、最終的には一人残らず「子どものよりよい育ち」につながっていくのです。そういった学校の指導体系は保護者の信頼にもつながるはずなのです。

　第3章の事例では、プロンプタが、一連のプロセスをコーディネートしていることがおわかりになると思います。このプロセスは決して設計されたものではありません。授業での気になる出来事も、その解釈も、参観者それぞれに異なります。また授業者しか知らない事実も予めわかりません。したがってPDCAにあるような最初の達成目標を見つけることはできないと言えます。

　プロンプタの研修プロセスでの俯瞰した視点と、各段階における細かな働きかけと、全体会（アクティブ・リスニング）における対話をコーディネートする能力は、言わばコンピテンシというほうが正しいでしょう。これを培うには、コリンズの認知的徒弟の段階に沿ってプロンプタのモデルをコーチングしなければなりません。現在、「学びあいの場」推進プロジェクトでは、プロンプタに熟達したメンバーが若手に対して

コーチングする段階に入っています。若手は多くの失敗をしています。ここでは、あえてその一部を載せさせていただきました。

　読者の皆さんが、これをもとに我々が作り上げようとしているプロンプタの役割の難しさとその意義についても改めて考えていただければと思います。

【監修・編集・著者一覧】

監修　竹村　哲 (たけむら・あきら)
富山大学大学院教職実践開発研究科教授、前附属特別支援学校長

編集　柳川公三子 (やながわ・くみこ)
富山大学人間発達科学部附属特別支援学校教諭

著者　富山大学人間発達科学部附属学校園
「専門家として学びあい高め合うための校内研修の在り方」共同研究プロジェクト

　　　　竹村　哲 (前掲)

　　　　柳川公三子 (前掲)

　　　　近江ひと美 (おうみ・ひとみ)
富山大学人間発達科学部附属特別支援学校副校長

　　　　瀧脇　隆志 (たきわき・りゅうじ)
富山大学人間発達科学部附属特別支援学校教諭

　　　　本田　智寛 (ほんだ・ともひろ)
同上

　　　　上田　崇史 (うえだ・たかし)
同上

　　　　山崎　智仁 (やまざき・ともひと)
同上

協力　山崎　涼美 (やまざき・すずみ)

実践！特別支援教育のアクティブ・ラーニング
子どもの内面を捉え、学びの過程に寄り添う教員研修

2019年9月20日　発行

監　修　竹村　哲
編　集　柳川公三子
著　者　富山大学人間発達科学部附属学校園「専門家として学びあい高め合
　　　　うための校内研修の在り方」共同研究プロジェクト
発行者　荘村明彦
発行所　中央法規出版株式会社
　　　　〒110-0016　東京都台東区台東 3-29-1　中央法規ビル
　　　　営　　業　Tel 03 (3834) 5817　Fax 03 (3837) 8037
　　　　書店窓口　Tel 03 (3834) 5815　Fax 03 (3837) 8035
　　　　編　　集　Tel 03 (3834) 5812　Fax 03 (3837) 8032
　　　　https://www.chuohoki.co.jp/

装幀・本文デザイン　タクトデザイン
本文イラスト　　　　あべまれこ (第2章)
印刷・製本　　　　　株式会社アルキャスト

定価はカバーに表示してあります。
ISBN978-4-8058-5911-7

本書のコピー、スキャン、デジタル化等の無断複製は、著作権法上での例外を除き禁じられ
ています。また、本書を代行業者等の第三者に依頼してコピー、スキャン、デジタル化する
ことは、たとえ個人や家庭内での利用であっても著作権法違反です。
落丁本・乱丁本はお取替えいたします。